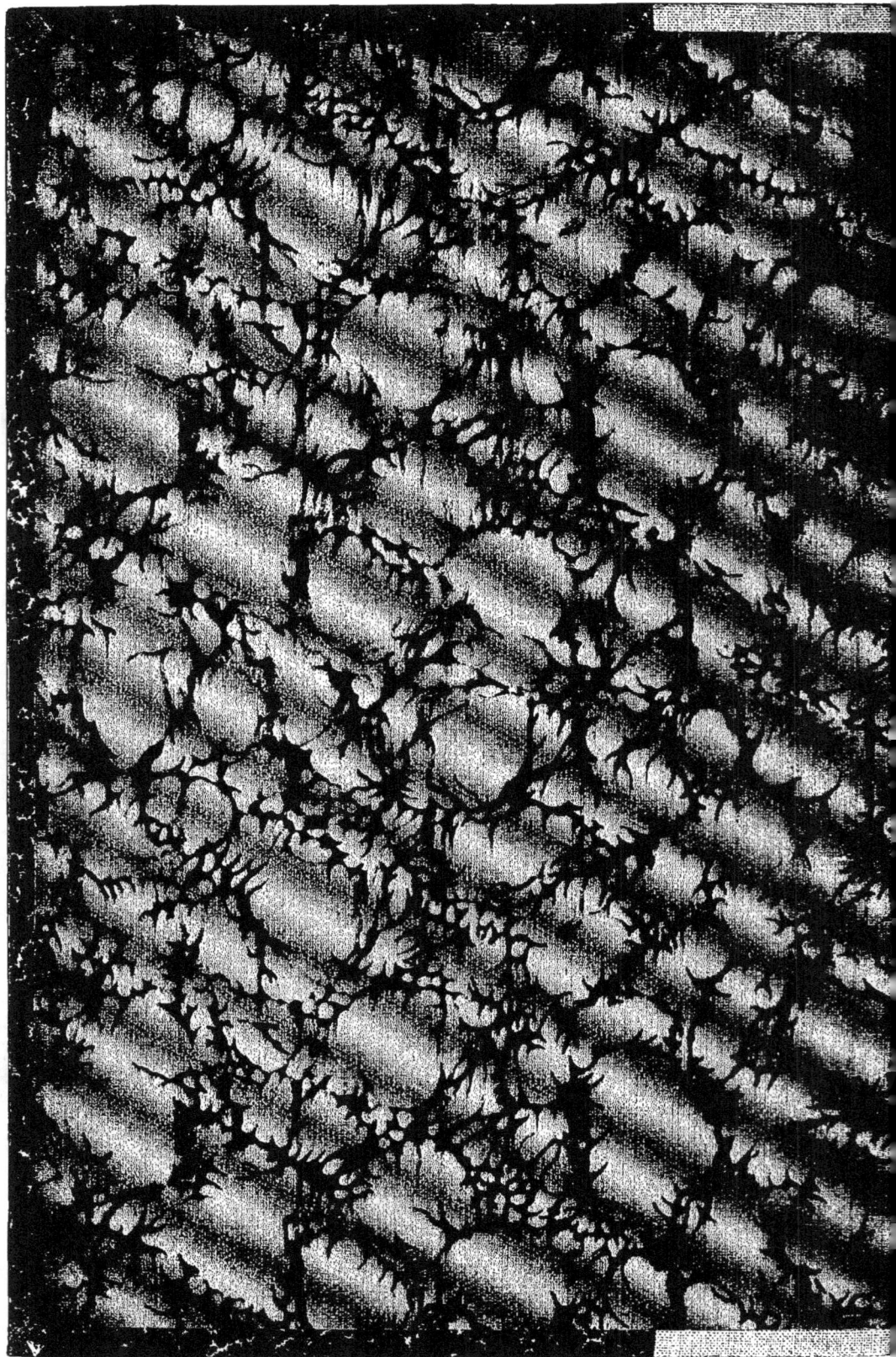

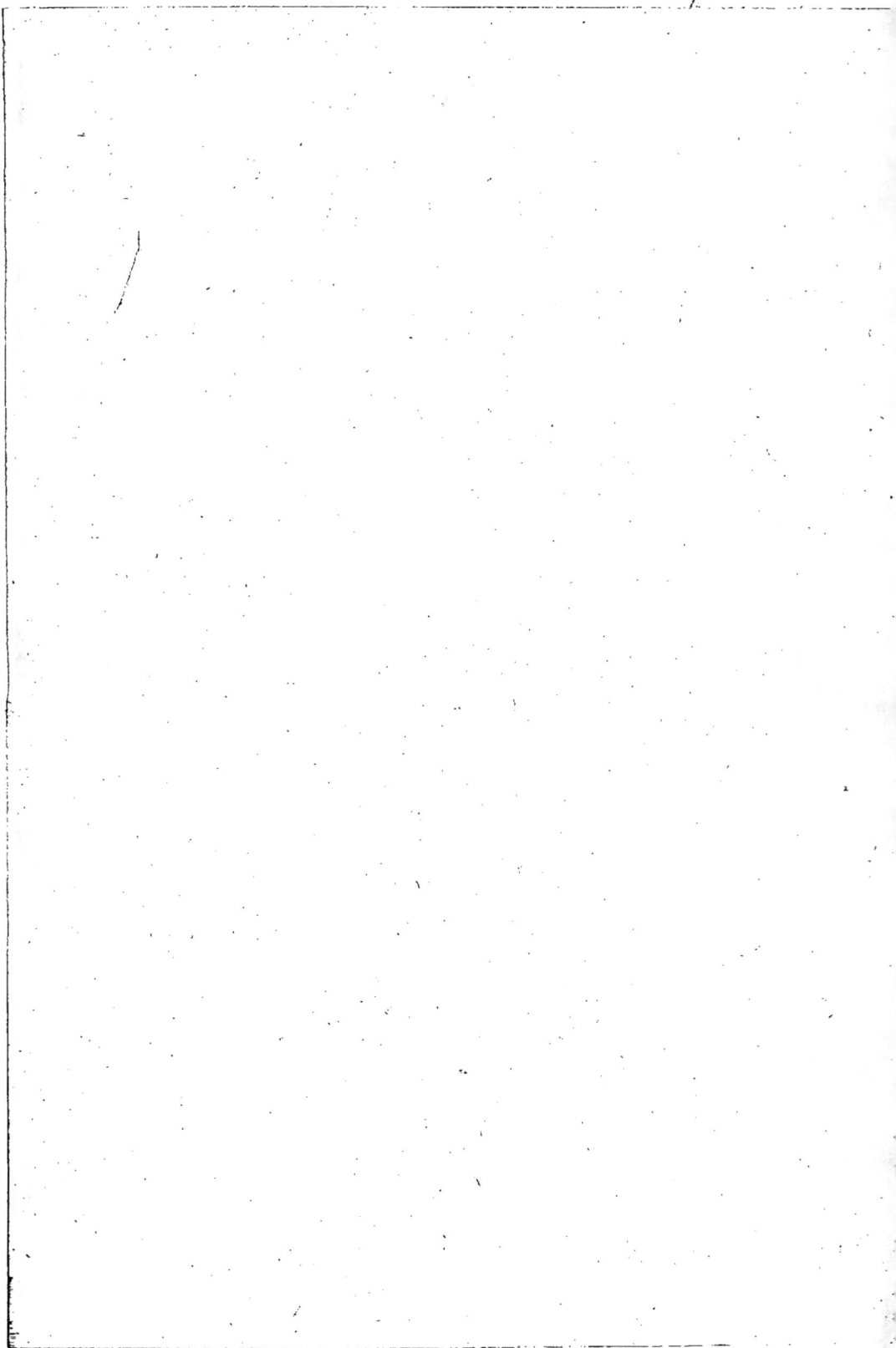

LE
DROIT INTERNATIONAL
PRIVÉ

RÉSUMÉ EN

TABLEAUX SYNOPTIQUES

PAR G. JOLLIVET

Avocat, Docteur en Droit, Répétiteur.

AVEC LA COLLABORATION DE M. A. WILHELM

PRIX : **2** francs

PARIS

CHALLAMEL AINÉ, LIBRAIRE-ÉDITEUR

5, RUE JACOB, 5

Chez l'Auteur, 4, rue des Carmes

Et chez tous les Libraires de Droit.

1886

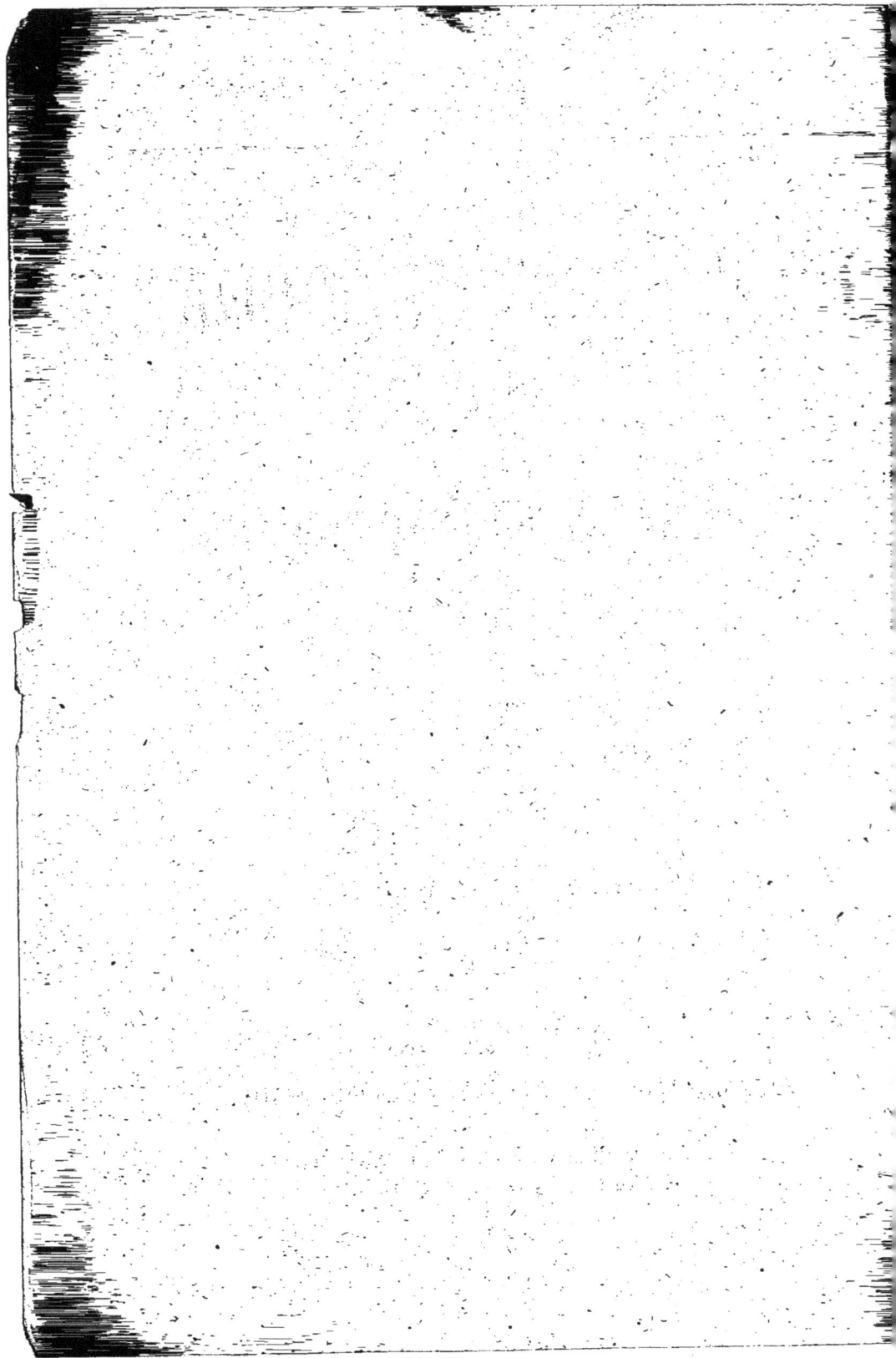

LE

DROIT INTERNATIONAL

PRIVÉ

RÉSUMÉ EN

TABLEAUX SYNOPTIQUES

PAR G. JOLLIVET

Avocat, Docteur en Droit, Répétiteur.

AVEC LA COLLABORATION DE M. A. WILHELM

PRIX : **2** francs

PARIS

CHALLAMEL AÎNÉ, LIBRAIRE-ÉDITEUR

5, RUE JACOB, 5

Chez l'Auteur, 4, rue des Carmes

Et chez tous les Libraires de Droit.

—

1886

En écrivant ce petit livre, j'ai voulu évidemment venir en aide aux étudiants que rebute l'étude difficile d'une partie de notre droit, toute de jurisprudence, non encore fixée par la doctrine, et que l'on appelle le droit international privé.

Pour cela, je me suis servi de tableaux, cette forme m'ayant paru la plus heureuse pour présenter à la fois une vue d'ensemble et la distinction des idées principales et des idées secondaires ; les développements de toute nature qui ne pouvaient entrer dans le tableau ont été mis en notes placées en regard et faciles à consulter. Si, par ce moyen, j'ai atteint la première partie de ma tâche, je devrai déjà me déclarer satisfait.

Mais j'ai voulu plus encore. Le droit international privé français courrait risque d'être bientôt dépassé, s'il ne participait au mouvement général du droit international privé en Europe et en Amérique. J'ai tenu à présenter constamment le développement parallèle de ce droit en France et à l'étranger. Il y a plus, j'ai présenté, en une série de tableaux, l'état des législations actuelles, et j'ai pris soin d'indiquer toujours les sources auxquelles je puisais, afin qu'après moi d'autres, économisant tout le temps que l'on perd en recherches, puissent le consacrer tout entier à de nouvelles études sur cette partie du droit.

Entre la préparation rapide et l'étude approfondie, il y a naturellement tous les degrés. J'ai essayé d'en tenir compte, en distinguant par des signes les parties complémentaires. Les tableaux, les parties de tableaux ou notes, marqués d'un ou de plusieurs astérisques placés près de l'idée dominante, indiquent les parties qu'à la rigueur on peut négliger.

G. JOLLIVET,

Docteur en droit, Répétiteur

4, rue des Carmes.

Droit international privé.

Définition

- **brève** : C'est l'ensemble des règles qui déterminent la part qui est faite aux lois étrangères.
- **complète** : C'est l'ensemble des règles pratiquées le plus généralement par les tribunaux de nations différentes en vue de régler les rapports entre personnes privées avec appréciation de ces règles au point de vue du droit naturel.

Rapports avec le droit international public

- **Ressemblances** :
  - Il ne se renferme pas dans les limites d'un état comme le droit positif ;
  - Il forme un droit coutumier relevant du droit naturel dont les principes sont acceptés ou combattus par les législations positives ;
  - Il est sanctionné par la crainte de représailles dans le domaine des intérêts privés.
- **Différences** :
  - Il ne s'occupe pas de la souveraineté des états et de leurs représentants ;
  - Il tranche les conflits pacifiquement devant les tribunaux de nations différentes ;
  - Il ne date que d'hier, bien que l'on puisse lui trouver des origines aux temps des glossateurs.

Son développement provient *

- **de faits matériels**
  - communications matérielles : routes ; chemins de fer ; tunnels ; lignes de bateaux à vapeur ; percement d'isthme.
  - développement du commerce : abaissement des tarifs ; traités de commerce ; expositions internationales.
  - communications intellectuelles : union postale ; télégraphie et câbles sous-marins ; connaissance des langues étrangères.
- **d'un mouvement intellectuel correspondant** *
  - **publications périodiques** :
    - 1868, Paris. — Société de législation comparée.
    - 1869, Gand. — Revue de droit international et de législation comparée ;
    - 1873, Gand. — Institut de droit international ;
    - 1874, Paris. — Journal de droit international privé et de législation comparée ;
    - 1876, Paris. — Comité de législation étrangère (ministère de la justice) ;
  - **ouvrages** :
    - Asser, traduit par Rivier, Eléments de droit international privé, 1 vol., Paris, 1884.
    - Bard, Précis de droit international, 1 vol., Paris, 1883.
    - Brocher, Cours de droit international privé, 1 vol., Genève et Paris, 1882 ;
    - Fœlix, revu par Demangeat, Droit international privé, 2 vol., Paris, 1856 ;
    - Fiore (Pasquale), traduit par Pradier Fodéré, Droit international privé, 2 vol., Paris, 1875 ;
    - Laurent, Le Droit civil international, 8 vol., Bruxelles et Paris, 1882 ;
  - **congrès** : en matières commerciales, de propriété littéraire, artistique ; pour l'exécution des jugements étrangers, etc.

Son étude comprend deux parties

- **Etudes préparatoires** :
  - Connaissance des conflits de lois jusqu'à nos jours ;
  - Connaissance des langues étrangères ;
  - Détermination de la nationalité des plaideurs ;
  - Recherche sur la compétence des tribunaux devant lesquels ils se présentent.
- **Etudes définitives** :
  - Recherche des principes généraux ;
  - Application à chaque partie du droit.

Introduction historique (Notes).

1. ** Il existe en effet un traité en langue copte.(vulgaire) réglant certains points de droit international privé.

2. * M. Laurent a affirmé, sur la foi d'un passage de Thucydide, que le droit international privé n'a jamais existé en Grèce. Il suffit cependant de se rappeler ces confédérations grecques destinées à résister aux Perses, entre autres la confédération Délo-athénienne, en 475 avant J.-C., pour penser que l'égalité devait régner entre confédérés. L'idée de M. Laurent serait du reste en opposition avec ce que nous connaissons du caractère athénien, ce que nous en dit M. Ernest Curtius dans son *Histoire de la Grèce* (traduction de M. Bouché-Leclercq, t. II, p. 549 et suiv.), et par ce fait qu'il rapporte qu'en 445 on dut retrancher 4.760 étrangers inscrits indûment sur les listes de citoyens, qui comprenaient 18.000 noms, soit par suite un quart.

3. * Les rapports des Grecs et des Egyptiens sous les Psamméticides et sous Amasis, les alliances répétées de l'Egypte avec la Grèce contre la Phénicie et les Perses ne permettent pas de croire qu'il n'y eût entre ces peuples une égalité de traitement. Le passage de Thucydide ne devait viser que des ennemis héréditaires, comme les Perses.

4. * Voir : Une loi éphésienne du premier siècle avant notre ère, par M. Dareste. *Nouvelle revue historique de législation*, 1878, p. 171.

5. Si rares que soient les renseignements juridiques sur l'ancienne Rome, on doit, en s'appuyant sur l'histoire, conclure que Rome, l'une des villes de la confédération latine, ne pouvait méconnaître le droit des autres latins. Il exista donc une sorte de droit international privé à l'origine de Rome, dont les traces sont aujourd'hui perdues pour nous. Nous devons cependant signaler des recherches de M. Casati sur le droit étrusque qui nous renseigneront sans doute sur le droit romain ancien.

6. Aux textes que l'on a l'habitude de citer : Gaïus, III, § 120 ; Ulpien, xv, 15, il convient d'ajouter : Gaïus, I, § 15 in fine, et § 76 et 77.

7. M. Laurent a soutenu que le système de la personnalité des lois n'est pas étranger au droit international privé. Sans doute, vu la diversité des races, il a dû exister des conflits à l'époque barbare ; mais nous ne savons comme ils étaient résolus ; en tout cas, ce ne fut ni le système de la théorie des statuts qui distingue les droits personnels et les droits réels tenant aux choses, ni le système du droit international privé qui, aujourd'hui, sous les dénominations de statuts personnels et réels, distingue les droits en droits privés non contraires à l'ordre social et dont on peut permettre l'exercice sur le territoire, et en droits privés contraires à l'ordre social et dont il faut refuser l'exercice dans l'étendue du territoire. Le droit personnel des barbares consistait à être jugés d'après leur loi propre, non seulement relativement à leurs personnes, mais quant à leurs biens, à leurs terres et sans distinguer si le droit réclamé troublait ou non l'ordre public. Ce fut là, du reste, un état transitoire plus ou moins analogue au régime des capitulations ou au modus vivendi établi entre les Français et les populations indigènes de nos colonies. Voir : article de M. Lainé, *Journ. dr. int. priv.*, t. XII, p. 129 et suiv. La personnalité des lois barbares a enfin fait place à la territorialité des coutumes sans laisser de traces appréciables.

8. * M. Demangeat, *Histoire de la condition des étrangers en France*, p. 41, cite trois capitulaires de Charlemagne, l'un de 803, l'autre de 806, le troisième de 813. On peut également en citer un en date de 779.

9. * *Peregrinum, qui patronum non habebat, vendebant Saxones.* Méginhard, écrivain du IXe siècle, dans sa *Translatio Sancti Viti*.

INTRODUCTION HISTORIQUE

Division

- Jusqu'aux Glossateurs : Des étrangers de l'intérieur (soumis à des coutumes différentes en un même Etat) et des étrangers de l'extérieur.
- Des Glossateurs à nos jours :
  - Des étrangers de l'intérieur ou théorie des statuts ;
  - Condition générale des étrangers de l'extérieur ;
  - Apparition du droit international privé ; théories qu'on lui applique.

Des étrangers de l'intérieur et de l'extérieur jusqu'aux Glossateurs.

Antiquité

- **Egypte** : On trouve des traces de droit international privé [1].
- **Grèce**
  - étrangers grecs : Athènes a certainement traité sur le pied d'égalité les étrangers dans de certaines villes grecques [2].
  - étrangers non grecs :
    - Les rapports d'Athènes avec l'Egypte laissent même croire que des étrangers non grecs jouissaient de certains droits [3].
    - On trouve même un tribunal des étrangers : ξενικὸν δικαστήριον [4].
- **Rome**
  - *Jus civile* : Apanage des citoyens romains, il fut communiqué plus ou moins aux *Latini veteres, coloniarii*, aux *Italici*, aux *Socii* et à tous les habitants depuis Caracalla [5].
  - *Jus alicujus civitatis* : Des passages d'auteurs mentionnent l'existence de ce droit lorsqu'il s'agit de *peregrini*. Il est à croire qu'aussitôt qu'un romain était en cause, il n'était plus applicable [6].
  - *Jus gentium* :
    - Le *jus gentium* est un droit représentant les pratiques le plus généralement répandues dans le monde à l'époque des Romains ;
    - Il était administré par le *prætor peregrinus* et les *recuperatores*.

Moyen-âge

- **Epoque barbare**
  - Etrangers de l'intérieur :
    - Système de la **personnalité des lois**.
    - Chacun des groupes établis sur le territoire, Francs-Saliens, Francs-Ripuaires, Francs-Chamaves, Burgondes, Wisigoths, Gallo-Romains, a sa loi propre ;
    - Pour vider leur conflit, on suivait, présume-t-on, la loi du défendeur [7].
  - Etrangers de l'extérieur :
    - en droit, les capitulaires, ceux de Charlemagne surtout, les placent sous la protection royale [8] ;
    - en fait, ils deviennent les hommes et les serfs du seigneur sur le territoire duquel ils séjournent [9].
- **Epoque féodale**
  - Etrangers de l'intérieur :
    - Système de la **territorialité des lois**.
    - Chaque seigneurie forme un état souverain et a sa loi propre ;
    - Le défaut de communication empêche le développement du droit international privé.
  - Etrangers de l'extérieur : ils deviennent serfs,
    - ils sont
      - attachés à la terre,
      - taillables et corvéables à merci,
      - incapables de se marier à des personnes de condition ou de seigneurie différente,
      - incapables de plaider sans l'autorisation du seigneur.

Introduction. — Théorie des Statuts (NOTES).

1. * En Italie, au XIIIe siècle, la féodalité était plus nominale que réelle. Les luttes entre l'Allemagne et l'Italie avaient souvent déplacé la souveraineté et l'avaient toujours diminuée. Dans ces luttes on avait usé de toutes les influences et donné une large part à l'étranger ; les villes italiennes faisaient souvent de l'étranger un citoyen, tandis qu'un édit de 1220, porté par Frédéric II, abolissait le droit d'aubaine. Enfin le commerce avait attiré nombre d'étrangers, amené la disparition de cet esprit exclusif qui est le propre de la féodalité et fait de ce pays le mieux préparé à recevoir la théorie des statuts.

2. * Bartole, né à Sassoferrato, professeur à Bologne, Pise, Pérouse, est l'un des plus grands jurisconsultes du moyen âge. Ses œuvres complètes ont été éditées à Venise, en 1615.

3. * Balde, professeur dans diverses universités italiennes, élève et souvent rival de Bartole. Ses œuvres complètes ont été éditées à Venise, 1615, 1616.

4. * Albéric de Rosciate ou de Rosate ne s'est pas contenté de faire des observations ou gloses sur le droit romain. Il a laissé sur notre sujet un traité *de statutis* imprimé avec ses œuvres à Cologne en 1574 et à Francfort en 1608, 1655.

5. L'idée d'un droit universel s'est présentée à toutes les époques aux jurisconsultes. C'est ainsi que Dumoulin écrivait (*In cod. lib.* I, *tit.* 1 ; *op. omnia*, t. III) que l'extension d'un statut doit se faire *quum fundatur in ratione boni universi et in causa habente concursum justitiæ naturalis vel juris communis*. Ce droit commun était pour les Glossateurs le droit romain (*la raison écrite*), digne d'être étendu partout où l'Eglise et l'empire d'Allemagne régnaient réellement ou fictivement. Comme conséquences immédiates, les Juifs, les Turcs, en un mot tous ceux qui relevaient d'une religion différente où les *pays hors chrétienté* n'étaient soumis ni au droit romain, ni à la théorie des statuts. Comme conséquence éloignée, on peut remarquer que la Turquie n'a pris place dans le concert européen que depuis le congrès de Paris de 1856.

6. * Il n'y a presque pas d'auteurs qui, écrivant sur le droit international privé, ne disent que les Glossateurs ont divisé les statuts en réels et en personnels. J'hésite à croire qu'ils se soient trompés, cependant qu'il me soit ici permis de dire que je n'ai trouvé nulle part cette division et classification des statuts. J'ai parcouru les écrits de Balde, de Bartole, d'Albéric de Rosate et de quelques autres sans rien trouver sur ce point ; je crains d'avoir mal parcouru et je demande l'indication des textes en question. Pour être complet, je dois dire que Bartole en parle bien en son numéro 42, dans une question rappelée au texte, mais c'est la seule à ma connaissance, et Bartole ne la donne que comme une solution d'espèce.

7. ** « Les coutumes des provinces de France qu'on appelle coutumières sont leur vrai droit civil et commun « et peuvent être appelées droit écrit celles qui, selon le consentement du peuple des trois ordres, ont été arrê-« tées, mises par écrit et autorisées par les commissaires que le roi a délégués. Pourquoi j'estime que nos doc-« teurs français se mécomptent quand ils comparent nos coutumes aux statuts dont les docteurs ultramontains « ont fait tant de décisions intriguées... Car, en Italie, le droit commun c'est le même droit civil des Romains. » Coquille.

8. Dumoulin, avocat au Châtelet de Paris, professeur à Tubinge, Dôle, Besançon. Ses écrits sur les statuts se trouvent surtout dans son commentaire du code cité plus haut et dans son commentaire sur les *consilia Decii et Alexandri*, tous deux glossateurs, v. t. II, p. 964 de ses *Opera omnia*. Paris, 1581.

9. Avocat au barreau de Nevers, Coquille a laissé un commentaire estimé de la coutume du Nivernais.

10. D'Argentré, rival de Dumoulin, appartenait à l'une des plus nobles familles de Bretagne. Ses idées sur les statuts sont exposées comme commentaire de l'art. 218 de la coutume de Bretagne.

11. Basnage, avocat à Rouen, a laissé un commentaire de la coutume de Normandie.

12. La division des statuts présentée par Dumoulin est loin d'être la division classique en statuts personnels et réels. Il divise les statuts ainsi : *Statuta quæ concernunt nudam ordinationem vel solemnitatem actus et quæ meritum causæ vel decisionem concernunt*. Ces derniers forment l'objet d'une nouvelle division en statuts réglant les choses, qui dépendent de la volonté des parties, et les statuts qui dérivent de la seule loi. Ces derniers seuls se divisent enfin en personnels et en réels. Bouhier et M. Laurent estiment que Dumoulin a enseigné que toutes les coutumes fussent réelles. Il a dit seulement que les statuts réels, s'ils sont réels, ne s'étendent pas : *Teneas indistincte quod statuta vel consuetudines*, **tanquam reales**, *non extenduntur ultra sua territoria*, conseil n° 16. Voir également conseil 53, t. II, n°s 12 et 13, p. 965.

13. D'Argentré, à l'inverse, n'admet pas comme personnels les statuts relatifs à la capacité relative des personnes ; pour lui, ces statuts participent à la fois de la capacité des personnes et de l'inaliénabilité de la chose ; puis, faisant prédominer ce dernier caractère, il place les statuts mixtes à côté des statuts réels.

14. Le raisonnement de Dumoulin est le suivant : Les actes de l'homme, tels que les contrats de société, sont du statut personnel. Or, la communauté légale, expresse ou tacite, n'est qu'une société présumée, une convention entre parties, et non l'œuvre de la coutume, t. II, n°s 4 à 14, p. 964 et 965. D'Argentré objectait, non sans raison, qu'à ce compte il n'y avait plus de statuts réels, la communauté devenait une société ; la succession ab intestat, le testament présumé du de cujus. L'idée de Dumoulin forme aujourd'hui l'article 1387 du C. civ.

Introduction. — Théorie des statuts.

Théorie des statuts	Elle naît	en Italie à l'époque des glossateurs [1].
	elle comprend quatre périodes	période des glossateurs, XIVe et XVe s. ; période des juristes français, XVIe s. ; période des juristes belges et hollandais, XVIIe s. ; période des juristes français, XVIIIe s.

Glossateurs XIVe et XVe s.

Leurs chefs :
Bartole, 1314-1357 [2].
Balde, 1327-1400 [3].
Albéric de Rosciate, mort en 1356 [4].

Leurs idées :
Selon eux il y a lutte non entre deux statuts italiens, mais entre
1° le droit romain qui est commun à tous les chrétiens qui habitent sur les territoires possédés ou revendiqués par le saint empire romain [5] ;
2° le statut d'une ville italienne qui, **comme pacte**, déroge au droit romain ;
Leurs explications sont données le plus généralement comme glose de la loi **Cunctos populos** ;
Au fond, le droit romain est la règle, le statut, l'exception.

Détermination du statut :
Tout ce qui, comme les conventions, ne suppose pas un texte écrit est en dehors de la théorie des statuts.
Les Glossateurs recherchaient quelle est l'étendue d'application des statuts soit en matière pénale, soit en matière civile.
Bartole a examiné si le statut de primogéniture était personnel ou réel et a résolu la question en tenant compte de l'ordre dans lequel les mots se présentaient [6].

Juristes français du XVIe s.

La théorie des statuts se transforme. Le conflit n'est plus entre le droit romain et un statut municipal, mais entre deux coutumes *égales, souveraines* [7].

Ils se divisent en :
personnalistes : Dumoulin, 1500-1566 [8] ; Guy-Coquille, 1523-1603 [9] ;
réalistes : D'Argentré, 1519-1590 [10] ; Basnage, 1615-1695 [11].

Points communs :
Tout ce qui touche aux conventions, aux actes de l'homme, à leur forme, est en dehors de la théorie des statuts [12].
Seules les dispositions des coutumes y donnent lieu.
Est du statut : personnel, ce qui touche à l'état et à la capacité des parties.
réel, ce qui touche à l'acquisition des immeubles à titre singulier ou universel.

Points de divergence :
Capacité relative :
Dumoulin en fait un statut personnel ; ce statut vise l'homme et non les biens ;
D'Argentré en fait la première classe des statuts mixtes : *minor* (personnalité), *immobilia* (réalité), *non alienat* ; il les place à côté des statuts réels [13].
Communauté et avantages entre époux :
Dumoulin les place parmi les statuts personnels ou en dehors, ce sont des actes de l'homme [14] ;
D'Argentré les place parmi les statuts réels ou mixtes ; ce sont des dispositions légales.

Introduction. — Théorie des statuts (NOTES).

1. Bourgoigne, avocat à Gand, professeur à Ingolstadt et en Hollande, a écrit un petit ouvrage très estimé : *ad consuetudines Flandriæ*. Anvers, 1621 ; Leyde, 1634 ; Arnheim, 1670.

2. * C'est entre Stockmans et Van der Muelen que fut reprise la question de la personnalité et de la réalité du statut de communauté. Van der Muelen ayant jugé avec d'autres juges que ce statut était réel, fut vivement attaqué par Stockmans et répondit par la publication d'un opuscule : *decisio brabantina super famosissima quæstione.*

3. Rodembourg, conseiller au conseil souverain d'Utrecht, a publié son *tractatus de jure conjugum*, Utrecht, 1653, en tête duquel on trouve un traité des statuts intitulé : *Tractatus de jure quod oritur ex statutorum vel consuetudinum diversitate.*

4. * Bien que cette école porte le nom de hollando-belge, il faut reconnaître qu'elle a trouvé un appui des plus considérables en Allemagne. On peut même remarquer que le célèbre Bourgoigne, représentant de l'école belge, fut professeur à Ingolstadt.

5. Cette théorie poussée à l'extrême aurait pour conséquence l'abolition de la distinction traditionnelle des statuts en statuts personnels et en statuts réels. A un autre point de vue le procédé par lequel on admet l'extension des statuts personnels, la *comitas gentium*, mérite d'être retenu, car il a passé de la théorie des statuts dans le domaine du droit international privé, au moins pour les Anglo-Américains.

6. * Il est à remarquer que dans cette école française on ne voit figurer parmi les chefs aucun des jurisconsultes célèbres tels que Lebrun, Renusson, Ricard, Bourjon, Pothier, Prévost de la Jannès, d'Aguesseau, etc. S'ils ne parlent qu'accidentellement des statuts et sans s'étendre, c'est qu'à l'époque où ils écrivaient les idées de Dumoulin avaient triomphé dans la doctrine et n'étaient plus combattues qu'au Palais.

7. Boullenois, avocat à Paris, a laissé deux ouvrages : *Dissertation sur les questions qui naissent de la contrariété des lois et coutumes*, Paris, 1727 ; et, *Traité de la personnalité ou de la réalité des lois, coutumes et statuts par forme d'observations*, 1762. Ce dernier traité ne parut qu'après sa mort.

8. Froland, né en Normandie, fut avocat au parlement de Paris. Son ouvrage comme celui de Boullenois a son origine dans des conférences faites en un local du Palais où se trouva réunie la bibliothèque de M. Riparfont et conformément au désir de ce dernier. Il y prit part avec Boullenois. Il publia, comme ce dernier, un ouvrage intitulé : *Mémoires concernant la nature et la qualité des statuts*. Paris, 1729. Cet ouvrage, comme le précédent, n'est pas dogmatique. Froland est encore l'auteur d'un assez grand nombre d'autres traités ou mémoires.

9. Bouhier, président à mortier au parlement de Dijon, esprit large et philosophique, a laissé un grand nombre d'ouvrages. Ce qu'il a écrit sur les statuts est inséré dans ses *Observations sur la coutume de Bourgogne* et au milieu de ces observations, p. 480 et suiv.

10. C'est ainsi qu'il décide que l'incapacité, dérivant du sénatus-consulte Velléien, non abrogé en quelques provinces, doit être rangé parmi les statuts personnels bien qu'elle ne vise qu'une incapacité relative. Il décide également que celui qui est capable de tester à un âge donné suivant sa coutume, peut tester de biens situés en tous lieux. C'est la répudiation complète du système de Bourgoigne et d'autre part la répudiation partielle du système de d'Argentré qui exigeait, pour admettre qu'un statut fût personnel, qu'il influât sur l'état de la personne *universaliter.*

11. D'Argentré définissait le statut personnel celui qui 1° règle l'état universel de la personne ; 2° le règle indépendamment des biens. Boullenois critique tout au moins la seconde condition et décide par exemple que le statut de minorité est personnel même lorsque la disposition de la coutume vise des biens, en d'autres termes il personnifie les statuts personnels-réels de d'Argentré.

12. On a fait grand honneur à Savigny d'avoir émis la même idée, et sans remarquer qu'elle fut émise par Bouhier ; ce dernier avait cependant la priorité.

13. La jurisprudence française avait notamment considéré comme personnels les statuts relatifs à la communauté et aux incapacités spéciales.

Introduction. — Théorie des statuts.

Juristes belges et hollandais

- **Leurs chefs**
  - Belgique : Bourgoigne, 1586-1649 [1]. Van der Muelen, Stockmann [2].
  - Hollande : Rodembourg, 1618-1688 [3]. Voet : (Paul, 1619-1677), (Jean, 1647-1714).
  - Allemagne | Hert, Titius [4].
- **Ecole belge**
  - Bourgogne : procède de d'Argentré, mais il dépasse son réalisme ; admet que le statut est personnel si l'on peut agir par une action personnelle et réel dans le cas contraire. attribue ce système à d'Argentré.
  - les autres | accueillent le système propre à d'Argentré.
- **Ecole hollandaise**
  - Elle répudie le réalisme outré de Bourgoigne.
  - Rodembourg : divise en statuts réels et personnels : 1° les dispositions des lois, 2° les conventions de l'homme.
  - Les Voet : divisent également les statuts en personnels et réels, et font à ces derniers une part très large ; n'admettent l'extension des statuts hors du territoire que grâce à la **comitas gentium** [5]. Paul Voet admet comme personnel le statut de communauté.

Juristes français du XVIIIe s. [6]

- **Ils se divisent en**
  - réalistes : Boullenois, 1680-1762 [7] ; Froland, mort en 1746 [8] ;
  - personnalistes : Bouhier, 1673-1746 [9].
- **Réalité**
  - Froland : admet pleinement les définitions de d'Argentré ; leur apporte des tempéraments dans l'application [10] ; réaliste au début, il subit peu à peu l'influence de la jurisprudence portée vers la personnalité.
  - Boullenois : En la forme il commente l'ouvrage de Rodembourg ; En principe il est réaliste à un moindre degré que Froland et moins dans son second ouvrage que dans son premier ; En application il corrige les définitions de d'Argentré ; Il légitime ses corrections par l'utilité commune [11].
- **Personnalité**
  - Bouhier : répudie franchement les définitions de d'Argentré pour reprendre l'œuvre de Dumoulin ; écarte les définitions comme trop restrictives du statut personnel qu'il admet en cas de doute ; veut que l'extension du statut se fasse en vertu d'un **droit** et non de la **comitas gentium** [12].
  - jurisprudence française : Elle accepte les théories de Dumoulin, reprises par Bouhier et étend de plus en plus la personnalité des statuts [13].

2° Etrangers de l'extérieur en France (NOTES).

1. On trouve encore des vestiges de servitudes au XIII° s. « Il y a de teles terres quant un frans hons qui « n'est pas gentinhons de lignage, y a manoir et y est résident un an et un jor, il devient soit hons, soit fame, « serf au seigneur dessoubs qui il vieult estre résident. » Beaumanoir, *Coutumes de Beauvoisis*, c. XLV, p. 154.

2. La caution *judicatum solvi*, bien qu'elle doive son nom à la jurisprudence des parlements, paraît être d'origine germanique ou coutumière. Telle est l'opinion de M. Demangeat (*Condition civile des étrangers en France*, p. 137 et suiv.). Cette opinion peut s'appuyer sur deux textes des lois anglo-saxonnes de Canut le Grand, tit. 32 et 37, et sur l'art. 37 de la coutume d'Abbeville, locale de Ponthieu.

3. Les étrangers ne peuvent ni posséder un bénéfice, ni tenir aucun office, ni faire aucune fonction publique dans le royaume. L'ordonnance de 1431 rend les étrangers, de quelque qualité qu'ils soient, incapables de tenir archevêchés, évêchés, abbayes, dignités, prieurés et autres bénéfices, de quelque nature qu'ils soient, en France : ils sont cependant relevés de cette incapacité s'ils obtiennent des lettres de naturalité. Pothier, *Traité des personnes*, Tit. II, sect. II.

4. * Les étrangers ne pouvaient être banquiers sans une caution suffisante de 150.000 livres, reçue devant le juge des lieux et renouvelée tous les cinq ans. (Edit de 1563, art. 78; Ordonnance de Blois, art. 357.) Ils ne pouvaient non plus être épiciers ou apothicaires à Paris. (Lettres patentes, 28 novembre 1638.)

5. Elles étaient données sous forme de lettres de naturalité.

6. * Ces exemptions avaient été données notamment aux étudiants par Louis X, en 1315; aux commerçants par Louis XI, en 1462; aux soldats par François Ier, en 1554; aux marins par Louis XIV, en 1687; aux ouvriers qui auraient travaillé huit années aux manufactures de glaces établies par l'édit d'octobre 1663; aux étrangers employés au dessèchement des marais, lettre du roi du 10 octobre 1552, renouvelée par un édit de 1607.

7. * Ces concessions avaient été faites au profit d'Avignon, de Bordeaux, de Calais, de Dunkerque, de Lyon, de Marseille, de Metz, de Reims.

8. * Le droit d'aubaine avait été aboli pour le Languedoc, la Guyenne, la Provence, l'Artois et généralement dans tous les pays du droit écrit; il n'existait pas non plus vis-à-vis des étrangers sujets des pays sur lesquels nos rois avaient des prétentions, par exemple le Milanais.

9. Ces traités étaient nombreux : 11 avril 1713 avec l'Angleterre; 9 mai 1815, renouvelé le 18 mai 1771 30 mai 1779 avec les cantons catholiques de la Suisse; 28 décembre 1716 avec les villes hanséatiques Lubeck, Brémin, Hambourg; 6 juillet 1726 avec la ville de Dantzic; 23 août 1742 avec le Danemark, renouvelé en 1772; 24 mars 1760 avec la Sardaigne; 15 août 1761 avec l'Espagne et les Deux-Siciles; 24 juin 1766 avec l'Autriche; 29 octobre 1767 avec la principauté de Raguse; 19 janvier 1769 avec le grand-duché de Toscane; 23 février 1769 avec les duchés de Parme, Plaisance et Guastala; 24 juillet 1770 avec la principauté de Monaco; 23 juillet 1773 avec la Hollande; 28 février 1774 avec la République de Venise; 25 juillet 1778 avec le Portugal et les Etats-Unis; 14 août 1779 avec la Pologne; 18 novembre 1781 avec le Palatinat; 11 janvier 1787 avec la Russie. Les états avec lesquels il n'existait pas de traités en 1789 étaient les Etats du Pape, la Turquie, la République de Gênes et quelques états d'Allemagne de très peu d'importance. Tous ces traités, en abolissant le droit d'aubaine, établissaient le droit de *détraction* (droit de prendre le dixième des successions des étrangers).

10. C'est ce qui résulte de deux lettres de M. de Sartine, ministre de la marine et des colonies, adressées, l'une aux conseils de Saint-Domingue à la date du 4 janvier 1777, l'autre au conseil du Cap, le 25 juillet 1779.

2° Etrangers de l'extérieur en France.

Ancien droit

Période monarchique
- Ils peuvent prendre place parmi les hommes libres à charge de payer certaines redevances [1].
- Ils jouissent des droits français par l'intermédiaire de leur seigneur;
- Ils ne peuvent se réclamer de leur loi nationale.
- Ils restent libres dans tous les cas.

Période des coutumes et des ordonnances

Ils sont frappés d'incapacités provenant des

coutumes
- ils sont soumis aux droits de chevage, formariage, à des taxes arbitraires;
- ils sont incapables de succéder (Aubains ne peuvent succéder, Loisel);
- ils ne peuvent tester qu'à concurrence de cinq sous;
- leur succession est dévolue au seigneur, plus tard au roi (droit d'aubaine proprement dit);
- ils sont justiciables des tribunaux français et peuvent être assignés à la frontière;
- ils doivent pour plaider en France donner une caution, dite plus tard *judicatum solvi* [2].

parlements
- ils ne jouissent pas des droits semi-publics tels que devenir avocat, tuteur, faire un appel comme d'abus [3];
- ils ne jouissent pas des droits civils réputés tels par l'interprétation du droit romain; ainsi ils ne peuvent tester (*testamenti factio est juris civilis*), adopter, exercer le droit de garde, le retrait lignager, etc.;
- ils jouissent des droits des gens tels que vendre, aliéner, donner, recevoir entre-vifs.

ordonnances
- ils ne peuvent se soustraire, comme les Français, aux jugements rendus contre eux en pays étrangers (ordonn. de 1629);
- ils ne peuvent être banquiers [4];
- ils restent soumis à la contrainte par corps que l'ordonnance de 1667 n'abolit qu'à l'égard des Français.

Ils ne peuvent se réclamer de leur loi nationale.

Période préparatoire à la législation actuelle

Fin de l'ancien régime

Le droit d'aubaine est supprimé
- par des exemptions: individuelles [5]; collectives [6];
- par des concessions: à des villes [7]; à des provinces [8];
- par des traités conclus avec un grand nombre de puissances [9].

Il n'a jamais existé aux colonies [10].

Droit intermédiaire
- Le droit d'aubaine et de détraction est aboli pour toujours (décret du 6 août 1790);
- La capacité des étrangers à succéder leur est maintenue (art. 3, décret du 8 avril 1791);
- Les déclarations de la Constituante sont renouvelées (art. 335, Constitution de l'an III);
- La naturalisation des étrangers est extrêmement facilitée.

3° Théories générales du droit international privé (NOTES).

1. M. Lainé a soutenu la proposition contraire par les arguments suivants : 1° Les citoyens reçurent souvent de nos rois le droit d'être jugés par leurs lois ; 2° le droit d'aubaine fut aboli en nombre de cas ; 3° on peut citer un certain nombre d'arrêts sur contestations entre étrangers seulement. *Journ. dr. int. priv.*, année 1883, p. 256 et suiv. Nous croyons, avec M. Laurent, qu'il n'en est rien ; les concessions de nos rois sont rares ; l'abolition du droit d'aubaine ne se généralisa qu'à la veille de la Révolution. Les arrêts cités par M. Lainé sont en petit nombre pour une assez longue période, neuf de 1598 à 1730, et le nombre des étrangers en France devait être bien restreint dans notre ancien droit si l'on en juge par le produit du droit d'aubaine, **40.000 livres par an**.

2. * On a quelque peine à comprendre pourquoi les Anglo-Américains ont emprunté leur théorie des statuts à des jurisconsultes tels qu'Huber ou Voet, pourquoi surtout ils ont connu d'Argentré et non Dumoulin, pourquoi enfin ils ont ignoré Froland, Boullenois, Bouhier. L'histoire fournit la réponse. Après quelques campagnes dans les provinces belges, la France envahissait la Hollande en 1670. A cette époque, le droit international public et, pour les écrivains d'alors (Huber vécut de 1636 à 1694, Voet de 1647 à 1714), proclamer en matière de statut la souveraineté absolue des états sans autre correctif que la courtoisie ou le bon vouloir, c'était proclamer l'indépendance et la souveraineté de la Hollande. On sait quels évènements rapprochèrent à cette époque la Hollande et l'Angleterre contre la France, et l'on s'explique que l'Angleterre, qui reçut alors des Pays-Bas la dynastie nouvelle des princes d'Orange, reçut en même temps la théorie des statuts telle qu'elle existait alors en Hollande. Cet emprunt fait, l'Angleterre ne participa plus au droit du continent et transmit à sa colonie américaine la théorie des statuts selon Huber et Voet.

3. « Les jurisconsultes ont tenté une œuvre impossible, c'est de définir et de préciser ce qui, par la nature « des choses, ne saurait être défini et précisé. Ils semblent avoir oublié qu'ils écrivaient sur une matière qui « concerne la **courtoisie internationale**, et que cette courtoisie a toujours été et sera toujours incertaine. « En effet, la courtoisie dépend de circonstances essentiellement variables, qui ne peuvent pas être comprises « dans une formule certaine. Cette incertitude est une source intarissable de controverses et, **dans le doute** « sur le point de savoir s'il faut appliquer la loi nationale ou la loi étrangère, **le juge donnera naturellement** « la préférence à la loi nationale. » Paroles du *chief-justice*. Parties rapportées par Story, *Conflict of lawes*, p. 26, n° 28.

4. « C'est une marque de barbarie de repousser l'application d'une loi qui est la loi du fait juridique par la « seule raison qu'elle est étrangère. » Et ailleurs : « La question est de savoir ce que demande **la justice uni-** « **verselle**, et non ce que demande **l'intérêt**. » Philimore, *International law of comity*, p. 5 et suiv., p. 259, n° 383 ; Laurence, cité par Laurent, t. I, p. 589.

5. ** Voyez le jugement de Mansfield, en 1771, rapporté par Kent, *American law*, t. II, p. 415-417. Ce qui est dit plus loin de l'allégeance, tableau effets des changements de nationalité, et les jurisprudences citées tableau droits de famille.

6. D'après la théorie générale allemande, la personne se soumet **volontairement** au droit local. Cette théorie porte le nom **d'autonomie**. Wachter, *op. cit.*, t. II, p. 35 ; Eichhorn, *Deutsches recht*, § 33, 37 ; Mittermaier, *Deutsches recht*, § 30, 31 ; Fœlix, *op. cit.*, p. 134. Savigny, *op. cit.*, t. VIII, p. 112, critique l'expression d'autonomie, mais admet la doctrine. Fixer son domicile en un endroit est pour lui une **soumission volontaire** au droit local. Par une cruelle ironie, l'autorité allemande, en 1872, enseigna que certains domiciles, **ceux des mineurs alsaciens-lorrains**, étaient des **domiciles imposés et de dépendance**, et non la preuve d'une soumission volontaire.

7. Pendant longtemps, on a enseigné que Savigny avait rénové le droit international privé par son idée de *communauté de droit* ; on a oublié de lire complètement, c'est une *communauté de droit avec l'accord* **amiable** *des peuples*, t. VIII, p. 31, § 348 et note f. Après tout, j'aime mieux le libéralisme d'un réaliste français : « Je me représentai toutes les différentes lois qui règnent comme des maîtres et des souverains dont je ne « devais pas blesser l'autorité, mais aussi je considérai le *monde entier* comme *une grande république* où il « fallait *mettre la paix et la bonne intelligence*. » Boullenois, *Traité des statuts*, préface.

8. ** Je n'ai pas à dessein cité Fœlix, seul auteur qui ait encore écrit en France un traité du droit international privé. Il est trop imbu des idées allemandes et a plutôt développé la théorie des statuts que le droit international privé.

9. M. Laurent attribue cette idée à la Révolution : Ce fut, dit-il, une conquête de la Révolution. Son idée ne nous paraît pas exacte ; sans doute, avant la Révolution, il ne pouvait être question de nationalité en matière de conflit, mais le domicile dont on parlait alors était non pas le domicile changeant des Allemands, mais le domicile d'origine, dont la définition et la justification s'appliquent de tout point à la nationalité.

3° Théories générales du droit international privé.

Remarques générales
{ Le droit international privé n'apparaît qu'au XIXe siècle [1] ;
Il est régi par des théories qui dérivent de l'idée que l'on se fait de la souveraineté et qui divisent les peuples en trois groupes. }

Groupe anglo-méricain

La souveraineté y est jalouse et territoriale comme la féodalité au moyen âge.

Ses chefs
{ améri- cains { Story, 1779-1845 ;
Lawrence, 1800-1881 ;
anglais { Burge, 1787-1850 ;
Philimore, contemporain. }

Idées anciennes
{ On admet la théorie des statuts telle qu'elle fut fixée par Huber et Voet [2] ;
Chaque état peut exiger que dans toute l'étendue de son territoire on ne reconnaisse d'autres lois que les siennes. Il n'agit autrement que par **par courtoisie ;**
Aucun état ne peut étendre au delà de ses limites l'application de ses lois ;
Le juge est libre d'appliquer la loi nationale ou la loi étrangère [3]. }

Idées nouvelles
{ La doctrine a réagi contre ce réalisme exagéré [4] ;
Il en est de même de la jurisprudence et de la législation récentes [5]. }

Groupe allemand

La souveraineté va cesser d'être féodale pour n'être plus que la personnification des intérêts nationaux.

Ses chefs
{ Savigny, | 1779-1861 ;
Wæchter, | 1796-1880 ;
Bluntschli, | 1808-1881 ;
Schœffner, | 1815-contemporain. }

Idées pratiques
{ La théorie d'Huber et Voet reste en principe en vigueur ;
La personnalité devient la règle, la réalité l'exception ;
Le domicile soumet la personne au droit local [6] ;
La nationalité n'est pas prise en considération. }

Idées spéculatives
{ Il existe par **un accord amiable** une communauté de droits entre les hommes [7]. }

Groupe franco-italien

La souveraineté est la personnification des intérêts nationaux.

Ses chefs
{ Italie | Mancini ;
Suisse | Brocher, Lehr ;
Belgique | Laurent ;
France | [8]. }

Ses idées
{ La nationalité remplace le domicile pour la détermination de la loi applicable [9] ;
Il y a conflit entre les lois d'intérêt général de la nation du juge et la loi d'intérêt privé dont on réclame l'application ;
En France, en Hollande la codification, après avoir servi au développement du droit, y fait maintenant obstacle ;
L'Italie a posé les nouveaux principes en son code de 1865. }

Législations dépendantes du droit romain [France-Italie] (NOTES).

1. Sans s'imposer à la France comme il s'est imposé à l'Allemagne et à l'Italie, le droit romain a eu en ce pays une influence considérable même dans les provinces du Nord où il n'était reçu que comme raison écrite ; il apporta en effet aux diverses parties mal jointes de notre droit national un élément homogène qui leur servit en quelque sorte de ciment ; il a enfin façonné l'esprit de nos juristes qui, soit dans la rédaction, soit dans le commentaire des coutumes, ne l'ont jamais oublié et l'ont souvent fait prédominer sur les usages en vigueur.

2. * Les matières civiles dont l'Eglise réclamait la connaissance étaient : *ratione materiæ* toutes celles qui avaient une affinité proche ou lointaine avec les sacrements de l'Eglise ; ainsi l'Eglise qui donnait la bénédiction nuptiale voulait par ce fait connaître des nullités de mariage, des séparations de corps et même des conventions matrimoniales ; *ratione personæ* toutes celles qui concernaient les gens d'Eglise ou ceux que l'Eglise protégeait, clercs, veuves, orphelins, croisés, etc. A un autre point de vue la procédure civile et criminelle, pratiquée dans les cours ecclésiastiques, était supérieure et mieux organisée que partout ailleurs. Nous lui devons certainement l'appel des jugements interlocutoires, l'interrogatoire sur faits et articles, etc.

3. * Ce point est certain lorsqu'on consulte les traités de Pothier qui servit de guide aux rédacteurs du code civil ; mais déjà avant lui Renusson mettait pour titre à son ouvrage : *Du droit commun de la France et la coutume de Paris* et Dumoulin avait commenté la coutume de Paris comme la coutume la plus étendue et d'où devait sortir un jour un droit commun.

4. Les principales ordonnances ainsi rendues sont : l'ordonnance de 1629 (code Michaud), l'ordonnance de 1667 sur la procédure civile (code Louis), l'ordonnance de 1670 sur la procédure criminelle ; l'ordonnance de 1673 sur le commerce (code Savary) ; l'ordonnance de 1681 sur la marine ; l'ordonnance de 1731 sur les donations ; de 1735 sur les testaments ; de 1747 sur les substitutions.

5. * Les lois de la Convention, notamment sur les successions et les projets qui sont émanés d'elle, sont empreints de ses idées sociales. Il convient de mentionner parmi les lois de l'époque le code des délits et des peines.

6. L'empire du droit français n'a pas été brusquement rejeté dans les limites des nouvelles frontières françaises. Les populations, que nous avions vaincues et auxquelles nos codes avaient été imposés, les ont volontairement gardés comme un bienfait, même après leur victoire ; c'est ainsi qu'ils régissent encore, sous certaines modifications, l'Italie, la Hollande, la Belgique, les provinces rhénanes, les départements hanséatiques, le grand-duché de Berg ; le canton de Genève ; qu'il a été introduit dans les duchés ou états de Varsovie, Nassau, Francfort, Bade, Westphalie. Ils forment le fond de la législation des pays qui veulent se donner une codification : cantons de Vaud, Valais, Fribourg, Neufchâtel, Tessin, îles Ioniennes, Roumanie, îles d'Haïti, Louisiane. Enfin ce sont des jurisconsultes français, imbus de ce droit, qui dirigent les écoles de droit étrangères ou confectionnent des codes ; ainsi : en Egypte, en Bulgarie, au Japon, au Pérou.

7. Le code civil a été modifié notamment par les lois du 22 mars 1849 ; 13-21 novembre, 3 décembre 1849 ; 22-29 janvier et 7 février 1851 ; 29 juin 1867 ; 14 février 1882 ; 28 juin 1883 sur la nationalité et la naturalisation ; par les lois du 8 mai 1816 et 27 juillet 1884 sur le divorce ; par les lois du 29 avril 1845, 11 juillet 1847, 10 juillet 1854, 29 juillet 1881, 25 août 1881 sur les servitudes ; par la loi du 23 mars 1855 sur la transcription. Le code de procédure civile a été modifié par les lois du 2 juin 1841, du 21 mai 1858, 25 octobre 1884 sur les ventes judiciaires d'immeubles.

8. Le code de commerce a été modifié notamment par la loi du 28 mai 1838 sur les faillites ; par les lois du 17 juillet 1856, du 23 mars 1863, du 24 juillet 1867 sur les sociétés ; par la loi du 23 mai 1863 sur le gage et les commissionnaires.

9. ** Jusqu'en 1556 le droit des provinces belges se confond avec le droit allemand, à ce droit viennent s'ajouter à partir de cette époque les ordonnances espagnoles ; à partir de 1790 jusqu'à 1815 elle suit la législation française ; de 1815 à 1830, la législation néerlandaise.

10. ** C'est ainsi que l'Italie du Sud a successivement subi l'influence de la domination espagnole et de la domination française.

11. ** Les codes auxquels nous faisons allusion sont les codes sardes : pénal et d'instruction criminelle, tous deux du 20 novembre 1859 et étendus à l'Italie le 26 novembre 1865 ; le code de commerce fut également appliqué par décret du 25 juin 1865.

Législations dépendantes du droit romain [France-Italie].

France

Historique

Période féodale — Au système de la **personnalité des lois** succède le système de la **réalité des coutumes**, dont l'empire s'étend jusqu'aux limites de la seigneurie ou de la province.

Période coutumière —
- **Droit romain.** — Il forme une véritable loi dans les pays de droit écrit ; il n'est admis que comme **raison écrite** dans les pays de coutumes [1] ;
- **Droit canonique.** — Il s'occupe de matières civiles spéciales qu'il attire à lui *ratione materiæ* ou *ratione personæ*. Il influe sur notre procédure [2] ;
- **Droit coutumier.** — Il se transforme et devient un droit promulgué par la rédaction des coutumes.

Période monarchique —
- Les juristes commentent les coutumes et dégagent les dispositions qui peuvent former le droit commun de la France [3] ;
- La royauté, après avoir consacré toute son activité aux intérêts généraux et publics, rend au XVIIe et XVIIIe siècle des ordonnances relatives aux intérêts privés et qui sont de véritables codes [4].

Période intermédiaire —
- **Constituante et Législative.** — Ces assemblées songent à la préparation de nos codes, mais ne font que poser des principes ;
- **Convention.** — Deux projets sont préparés, un certain nombre de lois générales portées [5] ;
- **Directoire.** — Nouveau projet de Code civil ;
- **Consulat et Empire.** — Préparation et confection des codes.

Droit actuel [6]

civil —
- Code civil de 1804 [7] ;
- Code de procédure civile, 1807 ;

commercial —
- Code de commerce, 1808 [8] ;

pénal —
- Code pénal, 1811 ;
- Code d'instruction criminelle, 1809.

Belgique

Historique — Jusqu'en 1830, la Belgique a le même historique que les nations auxquelles elle est rattachée [9].

Droit actuel —
- Les codes français sous les observations suivantes ;
- Code de commerce (les livres 1 et 2 ont été refaits) ;
- Code de procédure civile et de procédure pénale (les titres préliminaires ont seuls été votés).

Italie

Historique

avant le XVIIIe s. —
- L'Italie a le même historique que les Etats qui l'ont successivement occupée [10] ;
- Le droit romain y laisse une influence plus profonde qu'ailleurs.

XVIIIe et XIXe s. — **Codification locale.** — Code Victorien, 1723 ; de Sardaigne, 1770 ; code de Parme, 1820 ; code de Modène, 1862 ; codes français pour le sud de l'Italie.

Droit actuel

civil — Le code civil de 1866 est un code nouveau en ce sens qu'il a fait disparaître certains errements du code français et qu'il a introduit dans son texte les principes du droit international privé.

autre —
- Les autres codes ne sont autres que les codes sardes étendus à toute l'Italie presque sans changement [11].
- Codes récents — Code de la marine marchande, 1865 ; Code de commerce, 31 octobre 1882.

Législations du Nord dépendantes du droit romain (NOTES).

1. * Les lois des barbares de l'Allemagne sont : la loi salique, la loi ripuaire, la loi des Alamans, la loi des Bavarois, la loi des Frisons, la loi des Saxons, la loi des Thuringes.

2. * Le miroir de Saxe (*Sachsenspiegel*) a été composé dans la première moitié du XIIIe siècle (probablement entre 1224 et 1235), par Eike de Repkow ou Repgan dans l'ancien comté de Billingshohe près de Magdebourg. Il fut condamné par une bulle du pape Grégoire IX. Après lui les coutumiers les plus célèbres sont le *Deutschen spiegel*, miroir des Allemands, vers le milieu du XIIIe siècle, et le *Schwabenspiegel* (miroir de Souabe) également vers la fin du XIIIe siècle. Ce dernier a inspiré le Rechtsbuch de Louis de Bavière en 1346. La plupart de ces détails et ceux qui suivent sont empruntés à une étude de M. Gide parue après sa mort dans le *Bulletin de la société de législation comparée*, année 1881, p. 258 et suiv.

3. Les *Stadtrechte* sont comme en France des chartes communales. Mais alors qu'en France ces coutumes ne dépassaient guère le territoire de la ville on trouve en Allemagne des *lois-mères, Mutterrecht,* qui étaient copiées ou acceptées par d'autres villes secondaires. Soixante-douze villes suivaient la coutume de Cologne ; la coutume de Magdebourg avait pénétré dans les pays slaves. Il y avait là comme de petites lois provinciales.

4. Le droit romain qui en d'autres pays a été accepté par les jurisconsultes a été importé de force en Allemagne. Les docteurs de Bologne soutenus par les empereurs, patronnés par la papauté, envahirent les écoles et les tribunaux. Ils ont dédaigné les coutumes-mères, refoulé le droit national et exigé une réformation des coutumes et des statuts. Les tribunaux, jugeant en dernier ressort, étaient obligés de consulter les facultés de droit, où s'enseignait le droit romain, et constituées à cet effet en collèges des prudents (*Spruchcollegien*).

5. * Les principales *Reformationen* sont la réformation de Nuremberg, 1479 ; de Worms, 1498 ; de Francfort, 1509 ; de Cologne, 1572 ; de Hambourg, 1603 ; de Magdebourg, 1625.

6. * Les principaux Landrechte sont ceux de Wurtemberg, 1555 ; de Bavière, 1616 ; de Saxe, 1592.

7. Le principal monument du Kaiserrecht est le code pénal et de procédure pénale de Charles-Quint, dit : **La Caroline.**

8. * Les principaux codes de cette époque sont en matière civile le code de Bavière, 1756 ; le code prussien, 1794 ; le code badois, 1809 ; le code autrichien, 1811 ; le code saxon, 1863, et en matière pénal le code de Prusse, 1794 ; de Bavière, 1813 ; de Wurtemberg, 1838 ; de Saxe, de Bade, 1839 ; de Hanovre, 1840.

9. * Comme on le sait la confédération germanique 1815-1865 comprenait tous les états de l'Allemagne ; la confédération de l'Allemagne du Nord 1865-1871 laissait en dehors l'Autriche, la Bavière, la Hesse, le Wurtemberg et Bade, l'empire d'Allemagne depuis 1871 est formé par l'adjonction de ces états moins l'Autriche à la confédération de l'Allemagne du Nord.

10. * Il avait été précédé par la loi d'organisation judiciaire, 27 janvier 1877 ; depuis on a voté, le 1er février 1877, un code d'instruction criminelle et, le 10 février 1877, un code sur les faillites.

11. Le code civil de 1811, qui était d'abord particulier aux états héréditaires, a été étendu peu à peu et définitivement en 1853 à toutes les parties de l'Autriche. La procédure est régie par le code de procédure de 1780 et le droit pénal par le code de 1803 révisé en 1852 et 1853. Comme loi récente spéciale à l'Autriche on peut citer le code d'instruction criminelle, 23 mai 1873.

12. La Hongrie a des lois écrites et coutumières, contenues dans le *Corpus juris Hungarici*. La première partie publiée en 1514 par Verbocz n'est qu'un coutumier qui acquit force de loi, elle est suivie des ordonnances rendues jusqu'en 1659. La seconde partie contient les lois et ordonnances rendues depuis 1659. Le code civil autrichien a été étendu à la Hongrie le 1er mai 1853. Les principales lois récentes de la Hongrie sont les suivantes : code de commerce, 1er janvier 1876 ; code pénal, 29 mai 1878 ; code pénal des contraventions, 1er juin 1879.

13. Le code prussien de 1794 n'est pas seulement un code civil, c'est un code général comprenant : le droit civil, le droit criminel, le droit commercial, une partie du droit administratif, du droit ecclésiastique, etc. Il fut successivement étendu de 1794 à 1816 à toutes les parties de la monarchie prussienne ; mais dans ces provinces il ne vaut que pour remplacer le droit romain, et tenir lieu de droit commun allemand tant que le droit de ces provinces n'aura pas été codifié. Il ne s'étend pas aux parties régies par le code français (provinces rhénanes). Le droit prussien a été modifié par de nombreuses lois récentes. Un projet de code civil est à l'étude.

14. * Le code civil hollandais a été modifié par des lois importantes sur l'organisation judiciaire, 9 avril 1877 ; sur les hypothèques, 5 juin 1878 ; sur la tenue des registres de l'état civil, 24 juin 1867.

15. La législation fédérale ne peut s'étendre à tous les sujets. En général, elle ne comprend pas les successions, les mariages, les tutelles, qui sont régies par la législation cantonale.

Législations du Nord dépendantes du droit romain.

Allemagne

- **Historique**
  - *Jusqu'au XIIe s.* — On ne trouve que des lois barbares[1], modifiées par les capitulaires des empereurs.
  - *Du XIIe s. au XVe s.* — Développement d'un droit coutumier local ; La coutume se fixe dans les **Rechtsbucher** (coutumiers) dont le plus célèbre est le miroir de Saxe[2] et les **Stadtrechte** (chartes communales)[3].
  - *Du XVe s. au XVIIe s.* — Le droit romain est imposé à l'Allemagne, il comprime et réforme le droit coutumier[4] ; Révision des **Stadtrechte**[5] ; Publications des **Landrechte** (coutumiers locaux)[6] ; L'empereur ne porte que des lois pénales ou de police[7].
  - *XVIIIe s.* — Le droit coutumier maintenu par les populations refoule à son tour le droit romain et en fait un droit subsidiaire ;
  - *commencement du XIXe s.* — Il prend place dans toutes les révisions de lois et inspire les codes locaux de la plupart des états de l'Allemagne[8].
- **Droit actuel**
  - Chaque Etat est régi par les lois fédérales portées au moment où il faisait partie de la fédération[9] et par une législation particulière ;
  - **lois fédérales**
    - *Confédération germanique* — Loi sur le change, 1848 ; Code de commerce général, 1856 ;
    - *Confédération du Nord* — Code pénal, 31 mai 1870 ; Loi sur la nationalité, 1er juin 1870 ;
    - *Empire* — Code pénal militaire, 28 juin 1872 ; Code de procéd. civ., 30 janv. 1877[10] ;
  - **législations spéciales**
    - *Autriche* — Sa législation comprend : le droit commun allemand, le Code civil de 1884 ; les lois générales de l'Allemagne 1815-1865 et des lois récentes[11] ;
    - *Hongrie* — Sa législation comprend des lois écrites ou coutumières, la législation de l'Autriche jusqu'en 1866 et des lois particulières récentes[12] ;
    - *Prusse* — Sa législation comprend le droit commun allemand ; son code général de 1794 et les lois générales de l'Allemagne[13].

Hollande *

- **Historique** — Son droit lui vient de l'Allemagne, jusqu'en 1795 ; de la France jusqu'en 1814 ;
- **Droit actuel** — Code de commerce terrestre 1830, maritime 1867 ; Code civil 1838[14], et code pénal 3 mars 1810.

Suisse *

- **Historique** — Son droit lui vient de l'Allemagne, de l'Italie et de la France ;
- **Droit actuel**
  - Chaque état est régi par le droit fédéral, et par sa législation propre.
  - **lois fédérales**[15] — Code pénal, 4 févr. 1853 ; organisation judiciaire, 27 juin 1874 ; Etat civil et mariage, 24 déc. 1874 ; naturalisation, 3 juillet 1876 ; Capacité civile et code des obligations, 14 juin 1881.
  - **lois locales**
    - *Code civil* — Argovie, Berne, Fribourg, Genève, Lucerne, Neuchâtel, Soleure, Tessin, Valais, Vaud.
    - *Code de commerce* — Genève, Berne, Fribourg.

Législations du Sud indépendantes du droit romain (Notes).

1. Ces lois sont pour les Wisigoths la *loi germanique des Wisigoths*, qui ne nous est parvenue en entier. Gautier, *Pr. de l'hist. du dr. fr.*, p. 87, et la *lex romana Wisigothorum*, dont la meilleure édition est celle de Hænel.

2. Le **fuero juzgo** est une loi portée par les évêques réunis au concile de Tolède en 693. Un petit nombre de laïques prit part à sa rédaction, ce qui a fait dire à M. Guizot : « En Espagne, au lieu d'entrer dans l'assemblée de la nation, le clergé ouvre à la nation sa propre assemblée. *Hist. du gouvern. représentatif*, 26ᵉ leçon.

3. ** Tels sont les *fueros* de Léon, 1020 ; de Castille, sous le roi Pédro ; d'Aragon, etc.

4. Les autres monuments de l'époque sont le *fuero reale*, promulgué également par Alphonse le Sage, en 1255, et l'*ordeniamento des Cortès d'Alcala*, 1348.

5. Le code des Sept Parties n'avait pu étouffer le droit local et germanique, des ordonnances ou lois essayèrent de fixer une législation générale en tenant plus de compte de l'élément germanique ; ce furent surtout les *ordonnances royales de Castille*, réunies en 1438 sur l'ordre de Ferdinand le Catholique ; les 83 *leges de Toro*, promulguées en 1505. L'influence du clergé sous Philippe II amène une réaction du droit romain **Nueva recopilacion**, 1567. Il en est de la Recopilacion comme des Sept Parties, le droit germanique. On en tient un plus grand compte dans la *Novissima recopilacion de las leges de España* de Charles IV, 15 juillet 1805.

6. * C'est la persistance de ces fueros, notamment en Aragon, en Catalogne, en Navarre, en Biscaye, qui a fait avorter jusqu'ici tous les essais de codification du droit civil.

7. Le droit espagnol est resté le fond de la législation des anciennes colonies espagnoles. Sans doute, au premier jour de leur émancipation, ces colonies ont abrogé les lois espagnoles et se sont donné des lois pour marquer en quelque sorte leur indépendance. Mais les lois qu'elles avaient portées ont perdu leur efficacité par suite des troubles qui ont suivi leur émancipation, et les populations, qui sont coutumières, ont conservé le droit antérieur. C'est pour elles qu'un écrivain de Madrid, Don Joaquin Escriche, a fait paraître un ouvrage dont le titre paraît tout d'abord singulier : *Manual del abogado americano*, Manuel du droit américain abrégé.

8. ** Le petit code de Léon, 1020, fut mis en vigueur par le concile de Coyacense (1050) dans la Galice, les Asturies et le Portugal ; il devint le modèle des chartes dites foraes, octroyées par les premiers rois de Portugal. Si l'on ajoute à ces foraes les lois promulguées par les rois de Portugal, l'introduction du droit romain et du droit canonique, les anciens usages ou coutumes, on aura une idée de la législation compliquée d'alors, que des ordonnances vinrent simplifier. Midosi, communication sur les sources de la législation portugaise. *Bull. de la Soc. lég. comp.*, année 1875, p. 162 et suiv.

9. * Ces ordonnances sont les ordenaçoes Affonsinas (1446). Révisées en 1521, elles prennent le non de Ordenaçoes Manuelinas. On peut encore citer les Ordenaçoes Filippinas, publiées en 1603 par Philippe d'Espagne, et confirmées le 29 janvier 1643 par Don Juan IV.

10. Le droit romain perdit son influence dominante sous le ministère du marquis de Pombal, par la loi du 18 août 1769, qui ne lui reconnut plus qu'une autorité subsidiaire. Midosi, *op. cit.*, p. 166.

11. La législation actuelle comprend les codes de commerce, 1833 ; pénal, 10 décembre 1852 ; civil, 22 mars 1868 ; procédure civile et criminelle, 8 novembre 1876 ; administratif, 1870. L'ancien droit portugais régit naturellement en dehors du continent les colonies portugaises ; mais il régit également le Brésil, au moins pour le droit antérieur à 1821, et qui n'a pas été formellement abrogé.

12. * Cette législation se compose : 1° du Coran ; 2° du Sunnâh, recueil de lois prophétiques ; 3° du Cacunameh, recueil d'interprétations données par les ulémas ou les légistes ; 4° de l'Aadel, état de la jurisprudence ; 5° de la coutume.

13. Par contre le droit musulman, comme la religion musulmane dont il fait partie, régit des populations non comprises dans l'empire Ottoman, telles que les populations musulmanes de l'Egypte, du Soudan, du Maroc. Citons encore les musulmans de la Russie, des Indes, etc.

14. * Cette codification comprend les codes : pénal, 1833 ; d'instruction criminelle, 1834 ; de procédure civile, 1833 ; de commerce, 1835. Le code civil (sauf pour les îles Ioniennes, 1841) n'existe pas, par suite de difficultés du gouvernement grec avec M. Maurer, chargé de la rédaction.

Législations du Sud indépendantes du droit romain.

Espagne

Historique

du Vᵉ au VIIᵉ s.
: On suit le système des lois personnelles, les Wisigoths et les Gallo-romains ont chacun leur loi [1].

VIIIᵉ s.
: La législation est fondue en un seul ouvrage le **Fuero Juzgo** confectionné par les évêques réunis à Tolède [2].
Ce code est inspiré par le droit romain et canonique et complété par les décisions des conciles.

Xᵉ au XIIᵉ
: Les troubles qu'occasionnent l'invasion et l'expulsion des Maures enlèvent toute force au **Fuero Juzgo** et donnent l'essor aux coutumes germanique ou **fueros** [3].

XIIIᵉ au XVᵉ s.
: Efforts en vue d'arriver à une législation unique. Le droit romain et canonique revit dans les **Leges de las Partidas** [4].

XVᵉ s. à 1805
: Le droit germanique réagit, pour céder un instant sous Philippe II, et reprendre ensuite l'avantage [5].

Droit actuel

La rivalité du droit germanique et canonique dure encore.
Les compilations ou codes généraux n'expriment que le droit général, applicable à défaut de coutumes locales qui sont encore fort nombreuses et empreintes du droit germanique [6].
Droit civil, **Novissima recopilacion de 1805**; Code de procédure civile, 1ᵉʳ janv. 1756; Code de commerce, 1829; Code pénal, 1870; Code de procédure criminelle, 14 sept. 1882, exerce encore une grande influence sur les anciennes colonies de l'Espagne [7].

Portugal

Historique

Jusqu'au XVIIᵉ s.
: Le droit portugais se confond avec le droit de l'Espagne. On doit cependant signaler des chartes de villes, **foraes**, et quelques essais de codification générale [8].

XIIIᵉ au XVIIᵉ s.
: Ce droit devient très compliqué, il fut collecté et classé par des ordonnances [9].

XVIIIᵉ s.
: Le droit romain est définitivement rejeté [10].

Droit actuel

Jusqu'en ces derniers temps le droit était encore régi par les ordonnances Philippines;
Il existe maintenant une codification complète [11].

Ancien empire ottoman

Turquie

Historique
: Le droit est coutumier et dérive des lois religieuses commentées par les docteurs, interprétés par les tribunaux [12];

Droit actuel
: Les étrangers ne pouvant être soumis à ces lois [13], il a été entrepris pour eux une codification : code civil (obligations seulement); code de commerce, 1850, 1860, 1862, 1867; code pénal, 25 juillet 1868.

Etats non musulmans

Monténégro
: Code civil, 23 avril 1855;

Grèce
: Codification complète si ce n'est pour le code civil [14];

Roumanie
: Code de commerce, 1842; Code civil, 4 décembre 1864. Code de procédure civile, 9 septembre 1865;

Serbie
: Code civil, 1844; Code de procédure civile, 1865.

Législations du Nord indépendantes du droit romain (Notes).

1. * Pour le Danemark les lois provinciales les plus importantes sont : les lois de Fionie, de Séeland, du Jutland ; les deux premières sont des œuvres privées, la troisième a été promulguée par Waldemar II en 1241 ; à cette loi on ajoute d'ordinaire les articles de Thard-Degn et les gloses de Knud Mikkelsen. Pour la Norwège on trouve les lois de Froslating, de Gulating, d'Erdsivating, du Borgating et les lois municipales ; les deux premières lois refondues forment le code de Magnus Haskonþsön (1263-1280). L'Islande a comme recueil ancien la Gragás, aussitôt après la conquête (1270), le Jarnsida, code apporté par les Norwégiens, mal accueilli par l'Islande et remplacé presque aussitôt par le code dit Jónsbok (1280). Voir : Les anciennes lois de la Norwège, du Danemark, de l'Islande, par M. Dareste, *Journ. des savants*, mai 1881.

2. * Les anciennes lois de la Suède, sont : les deux lois de Westrogothie, la loi d'Ostrogothie, les lois de Gotland, d'Upland, de Sudermanie, de Westmanland. Voir : D'Olivecrona, des origines de la communauté, *Rev. de dr. fr. et étr.*, t. XI, p. 171.

3. Depuis 1874 l'Islande a obtenu le droit de faire ses lois.

4. Ces trois états, soumis cependant à des pouvoirs politiques différents, ont une tendance à s'entendre à l'effet de constituer une législation unique. Ainsi chaque état a adopté séparément une loi sur le change qui est ainsi devenue une loi commune. Voir la notice de M. Dareste sur la loi sur le change, *Ann. soc. de lég. comp.*, année 1881, p. 504.

5. ** Les lois d'Iaroslaw, connues sous le nom de *ruskaïa pradwa* (vérités russes) furent d'abord données aux habitants de Nowogorod et étendues aux Russes. Ce recueil a été retrouvé en 1738 par le conseiller privé Yassily Tatilzef. — Il ne doit pas être confondu avec un recueil du même nom du xiiie siècle, contenant les lois d'Iaroslaf et de ses successeurs, recueil du reste incomplet et qui devait être complété par le code ecclésiastique *Kormtchïa Kniga*.

6. ** L'oulogénie zaconn d'Iwan III a été découvert en 1817 et publié à Moscou en 1819 par le comte Roumianzoff, Zézas. *Etudes historiques sur la législation russe ancienne et moderne*, p. 87, note I.

7. ** Pierre le Grand compléta l'Oulogénie de 1649 qu'il voulut même refondre ; il publia également le 30 mars 1716 un code de justice militaire et le 13 janvier 1820 un code maritime.

8. * Sur le Swod, la manière dont il fut rédigé, son contenu, consultez : Anthoine de Saint-Joseph, *Concordance des codes étrangers avec le code Napoléon*, t. III, p. 278 et suiv.

9. « Dans l'intérieur même de l'empire le *Swod* n'est pas appliqué comme en France le code civil. Les « paysans, qui composent les cinq sixièmes de la population, ont conservé leurs anciennes coutumes dans la « famille et pour la propriété. Le *Swod* est pour eux lettre morte ; il ne s'applique qu'aux nobles et aux bour« geois et même, à leur égard, les tribunaux considèrent les dispositions de ce code plutôt comme d'simples « tendances législatives que comme des règles impérieuses et absolues. Le droit civil du Swod présente donc « tout à la fois un caractère exceptionnel et idéal; exceptionnel, car la plupart des Russes échappent à ses dispo« sitions ; idéal, car les tribunaux le considèrent comme un but vers lequel on doit tendre dans l'application. » Glasson, *Le mariage civil et le divorce*, préface, p. 78.

10. La Finlande aux termes du traité de Nystad (1809) doit être régie par le droit suédois de 1734 et développé depuis. Toutefois de nombreuses lois, élaborées dans les sessions de 1863, 1864, 1867, 1872, ont modifié cette législation sur nombre de points.

11. * Les provinces baltiques ne comprennent pas moins de neuf législations différentes : 1° droit livonien ; 2° droit esthonien ; 3° droit courlandais ; 4° droit de Pilten ; 5° droit urbain livonien ; 6° droit urbain esthonien ; 7° droit urbain courlandais ; 8° droit de Narva ; 9° droit privé des paysans. Ces droits ont été réunis en un code rédigé en 1864 comprenant 4.600 articles et qui porte le nom de code Baltique. Lehr, *Droit civil russe*, p. 4.

12. La Pologne est encore régie depuis 1808 par le code civil français modifié par des lois récentes. Le code de procédure civile de 1864 a été introduit en Pologne par une loi du 19 février 1881.

13. * Le Swod n'étant applicable qu'aux provinces russes, il a été rédigé en 1838 un code des lois provinciales pour 1° la petite Russie réunie en 1654 et formant les territoires de Tchernigow et de Pollawa, la Russie blanche réunie en 1772 et formant les territoires de Witebsk et de Molsileff ; l'ancienne Pologne réunie en 1772, 1793, 1795, 1807, formant les territoires de Kieff, de Wolhynie, de Podolie, de Wilna, de Grodno, de Minsk, de Bialistok.

14. ** Consulter sur ce point : Tornaw, *Le droit musulman exposé d'après les sources pour les provinces transcaucasiques*, traduit par Eschback.

Législations du Nord indépendantes du droit romain.

Etats Scandinaves

- **Historique * jusqu'en 1814**
  - **Norwège et Danemark**
    - XI-XIVᵉ s. ** : Les lois sont spéciales aux provinces et se divisent en lois des villes et lois des campagnes [1].
    - XIVᵉ s. à 1814 : Danemark. — Code de Christian V, 1683 ; Norwège. — Code de Christian V, 1687. Islande. — Droit de la Norwège.
  - **Suède**
    - XIᵉ au XIVᵉ s. ** : Les lois sont spéciales pour les provinces et se divisent en lois des villes et lois des campagnes [2].
    - XIVᵉ à 1814 : Code du roi Christophe, 1442, imprimé en 1604 pour les campagnes ; Droit de la ville de Biorkoa devenu le droit commun des villes, 1618 ; Code général de 1734.

- **Droit actuel**
  - **particulier**
    - Danemark : Code pénal, 16 février 1866 ; Code pénal militaire, 7 mai 1881 ; Code des faillites, loi du 25 mars 1872.
    - Islande : Droit du Danemark jusqu'au 5 février 1874 [3].
    - Norwège : Code pénal, 20 août 1842.
    - Suède : Code maritime, loi du 23 février 1851 ; Code pénal, 1864 ; Code pénal militaire, 1882.
  - **commun aux trois états [4]** : Loi sur l'exécution des jugements rendus entre ces trois pays ; Loi sur le change, 1er janvier 1881, rendue identiquement dans les trois royaumes.

Empire russe

- **Historique**
  - 1re période * jusqu'en 1649 : Lois d'Yaroslaf, 1020 [5] ; Oulogénie d'Iwan III, 1497 [6] ; Législation d'Iwan IV (1540-1584).
  - 2me période de 1649 à 1832 : Code Alexis, ou Oulogénie de 1649 [7] ; Complément au code Alexis, Pierre le Grand [8] ; Publication du **Swod** ou digeste russe.

- **Droit actuel**
  - **Législation générale** : Le Swod n'est une législation générale que pour les pays d'empire et pour certaines classes [9] ; Code de procédure civile et criminelle, 1864 ; Code pénal, 1866 ; pénal militaire, 1875.
  - **Législations particulières** : Législation de la Finlande [10] ; Législation des provinces baltiques [11] ; Législation de la Pologne [12] ; Législation des provinces sud [13] ; Législation des provinces transcaucasiques [14].

Législation indépendante du droit romain. — Grande Bretagne (Notes).

1. * D'après Blackstone, *Lois anglaises*, t. VI, p. 444. Pour la connaissance des autres lois barbares, et pour le droit anglais en général, voir : Glasson, *Histoire du droit et des institutions politiques civiles et judiciaires de l'Angleterre*.

2. M. Glasson rejette cette opinion formulée dans ses termes extrêmes. Cependant il reconnaît que le saxon cessa d'être la langue officielle des tribunaux, il descendit même du rang de langue littéraire à celui d'idiome populaire. Or la langue est ce qu'un peuple vaincu perd en dernier lieu ; comment les Anglo-Saxons, qui perdaient leur langue, auraient-ils conservé leur droit ?

3. Cette division date de Guillaume le Conquérant, qui voulait se rendre le clergé favorable. C'est devant les cours ecclésiastiques que s'employait le droit romain, introduit lors du procès des archéologues Thibaut et Henry, développé depuis par l'enseignement de Vacarius à Oxford, et qui a donné lieu aux travaux de Burchard de Worms et d'Yves de Chartres.

4. Les *Leges Henrici primi* et les *Leges Edwardi confessoris* sont, de l'avis de tous, des recueils privés composés après la conquête normande. Ils ne se comprennent qu'en supposant un réveil du droit anglo-saxon.

5. Le pays fut divisé en six circuits, parcourus par des juges itinérants et rendant la justice de l'*Aula regis*.

6. Le droit anglais s'est toujours ressenti des événements politiques. Or, en 1235, les barons anglais, réunis à Merton, exigèrent la reconnaissance solennelle de la charte de 1215, qui ne permettait pas au roi de faire de loi sans l'assistance de ses barons. Si l'on veut donner à ce nouveau principe un effet rétroactif, les actes des premiers rois normands peuvent être considérés (et c'est ainsi qu'ils le sont en Angleterre) non comme des lois, mais comme des éléments de la *common law*. Un autre fait politique, la création de la Chambre des communes (1327), divisera plus tard les statuts en *statuta vetera* et *statuta nova*. Si ma remarque est vraie, elle comporte la définition réputée difficile de la *common law*. La common law est le droit anglo-saxon en vigueur en 1235, avec les développements naturels qu'il a reçus depuis.

7. Dès le commencement du règne d'Henri III, une constitution épiscopale défendit à tous les ecclésiastiques de paraître en qualité d'avocats *in foro seculari*. Blackstone, *op. cit.*, t. I, p. 28. Par contre, les étudiants montraient quelque tiédeur à suivre les universités d'Oxford et de Cambridge, où s'enseignait le droit romain, et on les voyait fréquenter les *Inns* créés auprès des tribunaux et où l'on enseignait la *common law*. D'autre part, de nombreux ouvrages s'occupaient de fixer la *common law* ; nous citerons notamment le *Tractatus de legibus*, etc., de Glanville, le traité de Bracton, le *commentarius juris anglicani*, par Fleta.

8. Pour engager tout procès, le demandeur devait s'adresser au chancelier qui, au nom du roi, refusait ou délivrait des lettres indicatives de juridiction ou *writts*, que l'on divisait en *formata*, conformes à la *common law*, ou *magistralia*, délivrés par analogie. Si l'on remarque d'une part que le chancelier ne pouvait pas toujours délivrer de *writts* parce que la *common law* ne progressait que par les actes des législateurs, *statuta*, et que les législateurs ne statuaient pas, ou même ne se réunissaient pas toujours, on comprendra qu'il dut être amené en un grand nombre de cas à juger lui-même. Peut-être y fut-il encore plus porté par ce fait que, jusqu'en 1530, cet office fut tenu par un ecclésiastique, représentant plus ou moins l'antagonisme des juridictions ecclésiastiques et laïques. Ainsi s'expliquerait la délivrance des nombreux *writts sub pœna* par lesquels le chancelier s'opposait à l'exécution des sentences rendues par les cours de *common law* et révisait ses procès. En un mot, le chancelier était prompt à soumettre à sa juridiction tous les cas dans lesquels la *common law* n'avait rien prévu ou donnait des solutions peu équitables. On comprend dès lors quelle fut l'importance des cours de chancellerie ou d'équité, et quelles restrictions elles apportaient aux cours de *common law*.

9. Sous Henri VIII, la plupart des matières formant la compétence du chancelier, notamment l'**use**, passèrent aux cours de *common law*. On voit même souvent le chancelier essayer de se décharger, et plus d'une fois la cour de l'Echiquier statua en équité, et non en common law. En un mot la division des tribunaux subsista, mais non pas la division du droit, et en fait s'opérait une fusion que des lois récentes viennent de réaliser.

10. Au-dessus des cours de comtés, on trouve une haute cour de justice divisée en deux sections. La première section comprend trois chambres : la première chambre est la cour de Chancellerie ; la seconde est formée par la réunion des cours du Banc de la Reine, Plaids communs, Echiquier, représentant l'ancienne *Aula regis* ; toutes les autres cours : Testaments, Divorces, Amirauté, sauf la cour des Faillites, supprimée, forment la troisième chambre. Chacune de ces chambres connaît des appels des cours de comtés, et en première instance des affaires qui ne peuvent être soumises aux cours de comtés. Pour ces dernières affaires, on peut faire appel à la deuxième section de la haute cour, section qui est formée des présidents des trois chambres et de cinq juges d'appel. Enfin au-dessus se trouve le tribunal dit chambre des Lords, composé de tous les lords juristes.

Législation indépendante du droit romain. — Grande-Bretagne.

Historique

Avant 1066 : Sans parler des lois barbares plus ou moins abrogées, on trouve, au commencement du XIᵉ s., le code Danois, le code des Saxons Occidentaux et le code de Mercy [1] ;

Common law et equity

De 1066 à 1154 :
Le droit anglo-saxon est refoulé [2].
Les juridictions locales font place à la juridiction centrale de l'*Aula Regis*.
La justice est divisée en laïque et ecclésiastique [3].

De 1154 à 1272 :
Réapparition du droit anglo-saxon [4].
Déconcentration de la justice par la création des cours de circuits (grande assise) [5].
La *common law* ou droit anglo-saxon se fixe en se séparant du droit romain [6].
Séparation correspondante des juridictions laïques et ecclésiastiques, de l'enseignement donné dans les *Inns* et dans les Universités [7].

De 1272 à 1509 :
L'*Aula regis* est divisée en Cour du Ban du Roi, des plaids communs, de l'Echiquier.
La *common law* resserrée par la délivrance des **writts** ne se développe pas suffisamment par les **statuts** et permet ainsi la création des cours d'équité [8].

De 1509 à 1688 : La révolution religieuse entraîne la réunion des cours laïques et ecclésiastiques, la réduction presque complète de la juridiction d'équité [9].

De 1688 à nos jours : Après une activité nouvelle des cours d'équité, la fusion se consomme de plus en plus entre la *common law* et l'*équity*.

Droit actuel

en Europe :
Les juridictions de *common law* et d'*équity* disparaissent pour faire place à une organisation judiciaire créée par les lois de 1873, 1876, 1881, et dont l'unité assurera à brève échéance l'unité du droit [10] ;
Le droit anglais reste non codifié ; mais les lois importantes des dix dernières années l'ont presque renouvelé ;
L'Ecosse et l'Irlande relèvent à la fois de leurs coutumes et des lois anglaises ;
Les îles de Man, Jersey, Guernesey, Aurigny ont leur législation propre.

Hors d'Europe :
Le droit anglais primitif n'existe que dans les colonies d'établissement et non dans les colonies conquises ;
Le droit anglais nouveau ne s'applique qu'aux colonies dites de la couronne pour lesquelles l'Angleterre légifère ;
Il inspire la législation des colonies dans lesquelles l'Angleterre participe à la confection des lois, pour le choix des députés ;
Il est sans influence appréciable dans les colonies où l'Angleterre n'a qu'un véto législatif.

Législation. — Pays hors d'Europe (NOTES).

1. ** Ces codes sont : le code civil, promulgué le 28 octobre 1883 ; le code de commerce, promulgué le 13 novembre 1883 ; le code de procédure civile et commerciale, promulgué le 23 novembre 1883 ; le code pénal, promulgué le 13 novembre 1883, et le code d'instruction criminelle, promulgué également le 13 novembre 1883.

2. ** Ces codes sont : un code civil, un code de commerce, un code de commerce maritime, un code de procédure civile et commerciale, un code pénal, un code d'instruction criminelle. Ils ont été rédigés sous la direction de Nubar-Pacha, par M. Maunoury, avocat français.

3. ** On n'a encore de cet Etat que sa constitution, 8 mai 1879.

4. ** Le Transwaal, après avoir été annexé, est redevenu indépendant.

5. M. Amiaud, Tableau des lois civiles, etc., Bull. de la Soc. de lég. comp., juin 1884, p. 529, annonce un recueil, Lois du royaume de Madagascar.

6. L'Ile Maurice est régie par le code civil français, qui y avait été publié par le général Decaen avant la conquête anglaise, et par les lois anglaises postérieures.

7. Le droit anglais est en vigueur dans le Haut-Canada. Dans le Bas-Canada, occupé par les anciens Français, on trouve un code civil de 1865 qui a beaucoup emprunté à l'ancienne coutume de Paris et au code civil de 1804.

8. * Les lois positives sont les suivantes : dans les Etats de Louisiane, 1824, Géorgie, New-York, on trouve un code civil ; un code de procédure civile (1877) dans l'Etat de Massachusets ; l'Etat de New-York a un code pénal et un code de procédure pénale ; on trouve un code pénal en Géorgie, à la Louisiane.

9. Une législation fédérale tend à s'établir, par suite de la prohibition de la polygamie, des traités concernant la naturalisation, de dispositions législatives en matière de billets, de banqueroute. Citons encore la loi fédérale du 7 juin 1878, modifiant une loi fédérale précédente sur les faillites.

10. * Le code civil du 20 décembre 1870 a été accepté par les Etats du Mexique, de Vera-Cruz, d'Hidalgo, Oaxaca, Sonora, Xalisco, Durango, Uacala. Un code de procédure civile, du 15 août 1872, a été presque refondu par une loi du 15 septembre 1880. On trouve également un code de procédure pénale, 15 septembre 1880 ; un code pénal, 7 décembre 1881. Citons enfin pour la Californie une loi du 16 avril 1880 sur la faillite, en 68 articles, qui forme un véritable code.

11. ** Les codes civils sont les suivants : Haïti, 1825 ; Costa-Rica, 1841 ; Honduras, 1880 ; Nicaragua, 1871 ; San Salvador, 1880. L'île de Sainte-Lucie, possession anglaise, a un code de procédure civile, 1882.

12. * Ce sont les codes suivants : code criminel, 11 décembre 1830 ; code de procédure criminelle, 29 janvier 1832, modifié le 3 décembre 1841 ; code de commerce, modifié par deux lois du 6 mai 1882 sur le concordat par abandon d'actif et sur les sociétés anonymes ; code de procédure commerciale, 23 novembre 1860.

13. Le droit civil est formé par l'ancienne législation portugaise, jusqu'au 25 avril 1821, et par toute une série de dispositions nouvelles. Un projet de code civil a été confié successivement à M. Freitas ; à sa mort, au sénateur Nabuco de Araujo ; à la mort de ce dernier, au docteur Joaquim Felicio das Santas. La procédure civile n'est autre que l'ancienne procédure portugaise, maintenue en vigueur par la loi du 20 octobre 1823, modifiée par les lois de 1832, 1841, 1871 et 1873.

14. * Ils sont aussi régis pour la procédure civile par deux lois : l'une du 16 octobre 1861, sur la justice nationale ; l'autre du 14 septembre 1863, sur la juridiction et la compétence des tribunaux.

15. ** On peut citer le code de commerce et le code pénal de la province de Buenos-Ayres, 1877 ; le code de procédure civile de la province de Tucuman.

16. * Ce sont les codes de Bolivie, 1843 ; de Chili, 14 décembre 1855 ; du Pérou, 28 juillet 1852 ; du Venezuela, 20 février 1873 ; de l'Uruguay, 23 janvier 1868. La république orientale de l'Uruguay possède un code de commerce, 26 mai 1865 ; un code rural, 1876 ; un code de procédure, 1878 ; un code d'instruction criminelle, 31 décembre 1878.

17. * Cette codification comprend le code civil du 28 juillet 1862, un code de procédure civile, publié en même temps, un code de commerce et un code pénal maritime.

18. ** Un recueil général des lois pénales de l'Inde a été effectué par ordre du gouverneur de Pendjab.

Législations. — Pays hors d'Europe.

Afrique

Egypte
— Double codification complète :
— L'une, récente, pour les indigènes [1] ;
— L'autre, plus ancienne, pour les justiciables des tribunaux mixtes [2].

Autres législations
— Etat libre d'Orange [3] ; Transwall [4] ;
— Madagascar [5] ; Maurice [6].

Amérique

du Nord

Dominion
— Sous ce nom l'on comprend la réunion des colonies anglaises (Amérique nord), régies partie par le droit français et partie par le droit anglais [7].

Etats-Unis
— Chaque état a le droit de confectionner ses lois et codes [8] ;
— A défaut de législation écrite il est régi d'ordinaire par la *common law* ;
— Le pouvoir fédéral tend de plus en plus à créer une législation fédérale [9].

Mexique
— Le Mexique est une fédération d'Etats au nombre de 39, régis par l'ancien droit espagnol à défaut de lois positives ;
— Une codification complète a été acceptée par la majorité des Etats [10].

centrale *
— Elle renferme les Etats indépendants suivants : Haïti, Costa-Rica, Honduras, Guatémala, Nicaragua, San-Salvador ;
— Ils suivent presque tous la législation espagnole en l'absence de codes et quelquefois en dépit des codes qu'ils ont [11].

du Sud

Brésil
— Sauf pour le droit civil la codification est complète [12].
— Pour le droit civil, ce pays suit l'ancien droit portugais et le code français [13].

République argentine
— Ce pays est une fédération d'Etats ;
— Ils sont tous régis par le code civil de 1870 [14] ;
— Pour les autres points, chaque Etat a sa législation particulière quelquefois complètement codifiée [15].

autres
— Bolivie, Chili, Equateur, Pérou, Uruguay (Etat fédératif), Vénézuéla ;
— Presque tous ces Etats ont un code civil [16] ;
— Le Pérou a une législation complète [17].

Océanie

Iles Hawaï
— Code civil, 1859 ;

Australie
— La législation anglaise y est en vigueur plus ou moins modifiée par les nouveaux actes ;

Asie

Chine
— Le droit civil et le droit pénal sont confondus dans le grand recueil Ta-Tsing-leu-lée ;

Japon
— Droit civil, publication des livres I et II. Code pénal, 1884 ; code d'instruction criminelle, 1884 ;

Perse *
— La jurisprudence y fait loi ; ouvrage d'El-Molekkik ;

Inde anglaise
— La partie mahométane est régie par le droit musulman, l'autre par le droit hindou ; les Anglais ont essayé de recueillir les divers droits et de les consolider ou codifier.

Nationalité primitive (NOTES).

1. Les faits qui influent sur la nationalité sont la naissance et la filiation. En les combinant on obtient quatre systèmes : dans le premier, la filiation est seule prise en considération, ce fut le système du droit romain. (G. 1, 56). Dans le second, la filiation détermine la nationalité, la naissance la détermine en quelques cas particuliers, c'est le système actuel du droit français ; dans le troisième, la naissance seule est prise en considération, ce fut le système suivi dans notre ancienne France. « Les vrais et naturels Français sont ceux qui sont nés dans le royaume » ; Bacquet, *Traité du droit d'aubaine*, I, ch. 1, n° 2 ; enfin, dans le quatrième, la naissance est le principe général, la filiation ne détermine la nationalité que dans des cas déterminés.

2. « Les enfants nés dans un pays étranger d'un père français, qui n'a pas établi son domicile dans ce pays, ni perdu l'esprit de retour, sont aussi Français. » Pothier, *Traité des personnes*, p. 12, sect. 1.

3. Les enfants, nés de parents inconnus et trouvés en France, sont Français. Le décret du 4 juillet 1793 les appelait déjà « les enfants naturels de la patrie. » Le décret du 19 janvier 1811, en son article 16, les met à la disposition de l'État, et l'article 19 parle de leur appel sous les drapeaux : ils sont donc Français. Reste à savoir s'ils le sont par l'effet de la naissance ou de la filiation. C'est dans ce dernier sens que nous nous décidons. le fait d'être trouvé en France ne prouve pas plus la naissance que la filiation, c'est par une présomption qu'il faut se décider, et dans ce cas la présomption de filiation française est à la fois conforme aux principes et la plus probable.

4. La filiation ne détermine pas seulement la nationalité au moment de la naissance, elle peut être aussi un titre pour profiter en France du bienfait de la loi. Voir tableau du *Droit civil*, 1re année, p. 8.

5. La majorité dont il est ici parlé est la majorité française, Cass. req., 31 décembre 1860, Sir., 61, 1, 227. M. Valette et Demolombe ont enseigné le contraire. Le délai est indéfini lorsque conformément à la loi du 22 mars 1849 l'impétrant a satisfait à la loi militaire française, jusqu'à l'option cet individu reste étranger, Civ. cass., 19 juillet 1848, Sir., 48, 1, 529.

6. Cette décision, contraire au principe de réciprocité, qui est une règle fondamentale de droit international privé, provient de ce que la nationalité française ne se perd pas par une simple abdication ou déclaration.

7. Les individus qui sont dans ce cas peuvent même, aux termes de la loi du 8 févr. 1882, consolider leur situation de Français avant leur majorité lorsqu'il s'agit pour eux d'entrer dans les écoles du gouvernement où ils ont été admis. Ils font alors, avec l'assistance de leurs représentants, une renonciation à la nationalité étrangère.

8. Cette disposition est née du désir de ne pas laisser se constituer dans nos départements frontières des colonies d'étrangers par trop puissantes. Il fallait donc d'une part annexer le plus grand nombre d'entre eux à la nationalité française et d'autre part ne pas violer cette autre règle de droit public que les États ne doivent pas incorporer dans leur armée les étrangers. La loi du 16 décembre 1874 n'exigeait de l'étranger qu'une simple renonciation à la nationalité française, le remède était illusoire. La loi du 8 févr. 1882 a été mieux inspirée en ne permettant à l'étranger de se soustraire au service militaire français qu'autant qu'il s'est soumis au service militaire de l'État dont il se réclame.

9. ** L'article 1 de la loi constitutionnelle espagnole, 30 juin 1876, est formellement contraire à notre texte ; mais il est la reproduction d'articles semblables et doit s'apprécier historiquement. Or d'une déclaration des Cortès, 11 mai 1837, il résulte que la nationalité espagnole est seulement offerte et non imposée.

10. * En Luxembourg il faut de plus que le père étranger, né en ce duché, y ait eu sa résidence jusqu'à la naissance de son enfant.

11. * L'enfant est réputé italien ou étranger selon que le père a résidé ou non pendant dix ans en Italie avant la naissance de l'enfant, art. 8, code de 1865.

12. * L'enfant, né en Russie, ne peut réclamer la nationalité russe que s'il a été élevé dans ce pays.

13. * L'Angleterre détermine encore la nationalité par la naissance, mais elle n'impose pas sa nationalité aux personnes qui. nées en Angleterre, sont sujettes d'une autre État, art. 4, acte du 12 mai 1870.

14. * Par exemple entre les Allemands du Nord et tous les états de l'Amérique du Sud.

15. Ainsi un Français, né en Italie, d'un père qui y a dix ans de résidence, est pendant sa minorité un Français de par la loi française et un Italien de par la loi italienne.

16. Les enfants, nés en Belgique de parents français, peuvent devenir Belges en optant pour cette nationalité et conservent néanmoins la nationalité française qu'ils ne peuvent abdiquer.

Nationalité primitive.

France

Historique
Dans l'ancien droit la nationalité se déterminait par la naissance et non par la filiation comme à Rome [1] ;
Aux approches de la révolution on tint compte de la filiation, mais seulement pour les enfants nés à l'étranger de père français [2].

Droit actuel

Premier principe
La filiation, et non la naissance [3] donne la qualité de Français sans distinguer si la naissance a eu lieu en France, aux colonies ou à l'étranger [4] ;
La même règle s'applique aux **enfants nés en France d'étrangers qu'y n'y sont pas nés.**
DÉROGATION. — Ces derniers peuvent opter pour la France dans l'année qui suit leur majorité (art. 9, c. civ.) ou plus tard sous certaines conditions [5] ;
Dans les mêmes conditions les enfants de Français ne peuvent perdre leur nationalité par option [6].

Deuxième principe
La nationalité est acquise aux **enfants nés en France d'étrangers qui eux-mêmes y sont nés** [7].
Ils peuvent la rejeter en justifiant qu'ils ont satisfait aux lois militaires de l'Etat étranger [8] ;
Dans les mêmes conditions le Français ne saurait perdre sa nationalité.

Droits étrangers

analogues
Europe : Belgique ; Espagne [9] ; Luxembourg [10] ; Grèce ; Italie [11] ; Monaco ; Prusse [12] ; Turquie.
Amérique : Aucun Etat.

différents
filiation : Allemagne du Nord ; Hongrie ; Suisse.
naissance :
sans tempérament : Europe | Autriche ; Portugal ;
Amérique | Tous les Etats.
avec tempérament | Angleterre [13] ; Hollande.

Conflits et desiderata

Conflits

PREMIER CONFLIT. — Entre les législations qui retiennent comme nationaux les enfants nés de leurs nationaux à l'étranger, et les législations qui s'emparent sans réserve d'option des enfants étrangers, nés sur leur sol [14].

DEUXIÈME CONFLIT. — Entre les législations qui retiennent *pendant leur minorité* les enfants nés de leurs nationaux à l'étranger et les législations qui s'emparent dans certains cas même avec réserve d'option des enfants d'étrangers nés sur leur sol [15].

TROISIÈME CONFLIT. — Entre les législations qui admettent que les enfants, nés d'étrangers sur leur sol, puissent opter ou abdiquer la nationalité d'origine et les législations qui n'admettent pas ce mode de perdre la nationalité [16].

Desiderata*

Il faudrait que chaque pays appliquât à tous (fils d'étrangers ou fils de nationaux) la même règle.

Il faudrait que tous les pays pussent s'entendre pour adopter une règle commune.

Naturalisation. — Ses conditions (NOTES).

1. La naturalisation s'opérait par lettres du roi, délivrées en grande chancellerie ; ces lettres relevaient du droit d'aubaine et donnaient la plupart des droits civils, si l'on excepte quelques dignités éminentes dans l'Eglise. Pothier, *des personnes*, titre 2, section 3.

2. Dans cette période la philanthropie triomphe. « La France libre doit ouvrir son sein à tous les peuples de « la terre en les invitant à jouir, sous un gouvernement libre, des droits sacrés de l'humanité » (déclaration du 6 août 1790). L'étranger avait droit à la naturalisation sous des conditions excessivement faciles à remplir (loi du 2 mars 1790, constitution du 14 septembre 1701, du 24 juin 1793), rendues plus difficiles (constitution du 5 fructidor an III, du 22 frimaire an VIII). Quelquefois par un de ces retours qu'offre la législation intermédiaire un décret, tel que celui du 5 fructidor an III, excluait de la Convention ceux qui avaient bénéficié de cette trop facile naturalisation. »

3. * C'est ce qui fut décidé par l'avis du 20 prairial an XI, corroboré par l'article 13 du Code civil et le décret du 17 mars 1805. Les sénatus-consultes du 26 vendémiaire an XI et 19 février 1808 créèrent la naturalisation extraordinaire.

4. Cette distinction est un contre-coup de la politique d'alors. Le roi Louis XVIII ne voulait pas qu'un certain nombre de députés originaires des départements cédés vinssent siéger dans les chambres ; il eût d'autre part été trop dur de leur refuser la naturalisation. Pour concilier ces deux idées il rendit l'ordonnance du 14 juin 1814 qui enlevait aux naturalisés le droit de siéger dans les assemblées.

5. * Les principes de philanthropie de la première république reparaissent. Un décret du 5 mars 1848 abolit même rétroactivement la distinction entre la grande et la petite naturalisation, un autre du 31 mars déclare que la naturalisation est un droit. En trois mois, 2.439 personnes usent de ce droit, un arrêté de Bethmont, ministre de la justice, suspend l'application du décret de mars.

6. Le décret de 1849 reconnaît que la naturalisation ne peut être qu'une concession ; il détermine les conditions de la naturalisation concédée tandis que les lois du 25 mars 1849 et du 12 février 1851 déterminent les conditions de la naturalisation de faveur. Le même décret de 1849 rétablissait la grande naturalisation. En fait la grande naturalisation a été cependant méconnue ainsi que le prouve l'élévation à la dignité de sénateur du prince Poniatowski, naturalisé simple ; en droit la grande naturalisation subsistait comme l'a démontré M. Beudant, *revue critique*, T. VII, année 1855, p. 113.

7. Ce point a été discuté jusqu'en 1867 ; de là l'insertion dans cette loi de cette possibilité pour le gouvernement.

8. * La naturalisation ne date que du jour où elle est insérée au bulletin des lois. Ainsi une ordonnance de naturalisation du 9 septembre 1831 n'eut effet que lors de son insertion le 26 août 1868. Cour de Paris, 19 janvier 1877, *Journ. dr. int. pr.*, T. IV, p. 44.

9. * Les décrets du 26 novembre 1870 et 19 septembre 1871 ont accordé exceptionnellement et presque sans condition la naturalisation à ceux qui ont pris part à la défense nationale.

10. * La nécessité de renforcer l'élément français dans les colonies en présence d'une part des populations indigènes, d'autre part des étrangers établis, a amené le gouvernement français à rendre la naturalisation extrêmement facile pour les résidents aux colonies. En Algérie trois ans suffisent, sénatus-consulte du 14 juillet 1865 ; de même en Cochinchine, décret du 25-31 mai 1881 ; de même en Nouvelle-Calédonie, décret du 10-25 novembre 1882.

11. Dans ce pays la naturalisation n'est plus seulement du ressort du canton. En vertu de la loi du 3 juillet 1876 le pouvoir fédéral intervient, mais seulement pour autoriser à se faire recevoir dans tel canton. La disposition intéressante de cette loi est que cette autorisation est sans effet lorsque la **naturalisation, même accordée, est de nature à amener des conflits avec la Suisse**.

12. ** Cette solution résulte de la pratique au Vénézuéla et non de la loi du 13 juin 1865 sur la naturalisation vénézuélienne.

13. La conduite du Vénézuéla tout au moins vis-à-vis des immigrants a donné lieu à des difficultés entre ce pays d'une part et l'Angleterre et la France de l'autre. A la suite de pourparlers, motivés par les plaintes d'immigrants français, le gouvernement de Vénézuéla rendit un décret le 14 janvier 1874 et fit des promesses ; ensuite il ne les tint pas, puis il rendit un nouveau décret le 3 mai 1875. Entre temps le gouvernement français fit paraître à l'*Officiel* et afficher dans les principaux ports une déclaration qui arrêta nombre d'immigrants.

Naturalisation. — Ses conditions.

France

Historique

Ancien Droit : La naturalisation s'opérait par l'oblation de lettres patentes dites de naturalisation [1].

De 1789 à 1814 :
- Première période. — La naturalisation cesse d'être une concession de l'autorité ; elle devient un droit pour les étrangers remplissant certaines conditions [2] ;
- Deuxième période. — Le gouvernement, en faisant de l'admission à domicile une condition de la naturalisation, fait rentrer cet acte parmi les concessions qu'il fait [3].
- On distingue la naturalisation ordinaire et extraordinaire.

De 1814 à 1867 :
- De 1814 à 1848. — L'ordonnance de 1814 distingue la naturalisation en grande et en petite naturalisation [4] ;
- En 1848. — Abolition de cette distinction, retour au système de la Constituante, la naturalisation redevient un droit [5] ;
- De 1849 à 1864. — La naturalisation se scinde ; la naturalisation de faveur (bienfait de la loi) est un droit pour celui qui remplit les conditions ; dans tous les autres cas la naturalisation redevient une concession [6].

naturalisation actuelle

ordinaire :
- Domicile établi après autorisation ou séjour à l'étranger pour fonction conférée par le gouvernement [7] ;
- Délai de trois ans ;
- Demande agréée de naturalisation [8].

extra-ordinaire :
- Domicile établi après autorisation ou séjour à l'étranger pour fonction conférée par le gouvernement ;
- Délai d'un an et
  - services importants ;
  - introduction
    - d'une industrie nouvelle ;
    - d'inventions utiles ;
  - talents distingués ;
  - formation de grands établissements ;
  - création de grandes exploitations agricoles ;
- Demande agréée de naturalisation.

exceptionnelle * :
- accordée à raison des circonstances [9] ;
- accordée à raison du milieu dans lequel se trouve l'étranger [10] ;
- accordée aux Français, qui s'étaient fait naturaliser (réintégration).

Droits étrangers

analogues : Belgique ; Italie ; Roumanie ; Angleterre ; Allemagne ; Suisse [11] ; Luxembourg ;

naturalisant
- **sans examen**
  - **Europe** : Autriche ; Danemark ; Suède ; Norwège ; Grèce ; Espagne ; Etat allemand pour un sujet d'un autre Etat de la confédération.
  - **Amérique** : Mexique ; Haïti ; Etats-Unis.
- **de force** : République Argentine ; Vénézuela [12].

Conflit : Il existe entre les nations qui, comme le Vénézuéla, imposent la naturalisation et les nations qui admettent que la naturalisation est un acte volontaire du futur naturalisé [13].

Perte de la nationalité (Notes).

1. ** Il peut arriver qu'à la perte de la nationalité corresponde une acquisition de nationalité ; mais ce fait n'est pas constant ; ainsi les Algériens ne devinrent pas Français par la conquête, les Indiens ne sont pas citoyens américains.

2. * C'est ainsi que la France a réuni Mulhouse, Genève (7 floréal an VI), plus récemment les îles Taïti.

3. Telles furent les séparations des Etats-Unis et de l'Angleterre, de la Belgique et de la Hollande, de l'Espagne et de ses colonies.

4. * Les annexions les plus récentes et les plus célèbres sont les annexions de la Savoie et de Nice, de l'Alsace-Lorraine ; elles sont la conséquence indirecte ou directe de la guerre. Cependant l'annexion se comprend en dehors de tout conflit, par exemple l'annexion de la Louisiane aux Etats-Unis, de l'île Saint-Barthélemy à la France ; toutes deux ont eu lieu par suite de ventes.

5. Le terme d'option est impropre, quoique consacré. Tout habitant d'un territoire cédé n'a pas le choix de prendre la nationalité qui lui plaît. Il est dénationalisé en principe avec la faculté de reprendre son ancienne nationalité moyennant des sacrifices souvent fort considérables et qui suivant les traités pourront être la liquidation à vil prix de sa fortune immobilière et le transport de son domicile sur le sol de l'ancienne patrie. La Roumanie s'annexant la Dobroutcha n'a même pas admis la liberté d'émigration.

6. « Lorsqu'au contraire une province est démembrée de la couronne, lorsqu'un pays conquis est rendu par « le traité de paix, les habitants changent de domination. De citoyens qu'ils étaient devenus au moment de la con- « quête ou depuis la conquête s'ils sont nés avant la réunion, de citoyens qu'ils étaient par leur naissance jus- « qu'au temps du démembrement de la province ils deviennent étrangers. Ils peuvent cependant conserver la « qualité et les droits de citoyens en venant s'établir dans une autre province de la domination française. » Pothier, *Traité des personnes*, liv. I, tit. 2.

7. « Dans tous les pays qui changeront de **maître**, tant en vertu du présent traité que des arrangements « qui doivent être faits en conséquence, il sera accordé aux habitants **naturels et étrangers** de quelque « condition ou nation qu'ils soient, un espace de six ans, à compter de l'échange des ratifications pour disposer s'ils « le jugent convenable de leurs propriétés et **se retirer dans tel pays qu'il leur plaira de choisir** », art. 17 traité du 30 mai 1814, et 7 du traité du 20 novembre 1815.

8. Le décret de 1860 contient deux articles : l'un relatif aux majeurs, l'autre relatif aux mineurs, tous deux contraires au texte du traité de Turin. D'après ce décret la faculté d'option n'étant plus réservée ni aux seuls originaires, ni aux seuls domiciliés, les individus de ces deux classes n'étaient pas annexés, nous perdions des Français. La cour de Chambéry a jugé conformément au décret, arrêt du 4 mai 1875. Mais en sens inverse on a jugé, Grenoble, arrêt 22 juillet 1880, qu'un décret ne pouvait modifier l'état des personnes.

9. Le traité n'avait parlé que des originaires, domiciliés. Par des négociations postérieures la France pour conserver les domiciliés demanda à l'Allemagne que les originaires eussent le droit d'option ; l'Allemagne accéda pour les originaires, mais pour les domiciliés elle entendit les garder en vertu des principes les plus habituellement suivis en matière d'annexion s'ils ne vendaient pas leurs propriétés et n'émigraient pas en France. Voir tous ces points dans la circulaire du garde des sceaux en date du 30 mars 1872 et le rescrit de Manteuffel du 28 août 1884, *Journ. dr. int. pr.*, t. II, p. 678.

10. Telle fut l'interprétation donnée par le gouvernement français : 1° en son décret de 1860 (elle ne fut pas suivie par les tribunaux) ; 2° par sa convention diplomatique de 1874 avec l'Italie qui n'est également considérée comme obligatoire que pour les administrations militaires de la France et de l'Italie ; 3° en ses pourparlers avec le gouvernement allemand.

11. Pour les mineurs l'Allemagne veut qu'ils suivent le sort de leurs représentants (arg. de l'article 108), ils n'ont pu opter qu'avec ces derniers.

12. * Voir le préambule du célèbre édit d'août 1669, rapporté dans Laurent, *op. cit.*, t. III, 225 et s. Nous avons entendu enseigner par M. Duverger en 1874 et en s'appuyant sur l'autorité de Montesquieu, qu'un Français ne peut perdre la nationalité française qu'avec l'agrément du corps social.

13. ** Ainsi on ne saurait valablement déclarer comme J.-J. Rousseau ou d'Aremberg que l'on cesse d'être Français.

14. * Voir notamment la validation en 1869 de l'élection de M. Lecesne qui avait eu lieu entre la demande de naturalisation américaine et la réponse favorable du gouvernement des Etats-Unis. A plus forte raison le Français, qui acquerrait hors de France une situation analogue à celle qui résulte pour l'étranger de l'admission à domicile, notamment la *denization* en Angleterre, ne perdrait pas la qualité de Français.

15. Il y a déchéance lorsque le Français acquiert ou vend des esclaves (déc. 27 avril 1848 et l. du 28 mai 1858) lorsqu'il accepte des fonctions ou du service militaire à l'étranger, lorsqu'il s'affilie à une corporation militaire étrangère. Ce ne serait pas prendre du service militaire à l'étranger que de servir l'un des partis qui se disputent le pouvoir. Bastia, 27 déc. 1875, *Journ. dr. int. pr.*, t. III, p. 105, et cass. req., 2 févr. 1847, S., 47, 1, 582.

Perte de la nationalité.

Faits forcés

- **Observations générales**
  - **La nationalité se perd[1] par**
    - L'absorption d'un état par un autre[2] ;
    - La séparation d'un Etat en plusieurs[3] ;
    - L'annexion (distraction d'un territoire, faite au préjudice d'un Etat subsistant)[4].
  - **Théorie rationnelle**
    - Le domicile (rapport entre le sol et l'homme) doit seul influer sur la nationalité ;
    - Le dénationalisé doit avoir le droit de recouvrer son ancienne patrie en y transportant son domicile (option)[5] ;
    - Telle est l'ancienne théorie française[6], admise lors des traités de 1814, 1815, 1816[7] ;
    - On distingue entre les majeurs et les mineurs.

- **Majeurs**
  - **France**
    - Son système manque de netteté ;
    - Elle a successivement considéré comme annexés :
    - Par le traité de Turin, les originaires (nés) ou domiciliés ;
    - Par le décret de 1860, les originaires et domiciliés[8] ;
    - Par le traité de Francfort, les originaires et domiciliés ;
    - Par la convention additionnelle, les originaires seulement.
  - **Pays étrangers**
    - Italie, système français du traité de Turin ;
    - Allemagne. Ce pays considère comme annexés : les domiciliés, les originaires et domiciliés, les originaires[9].

- **Mineurs**
  - **France**
    - Elle admet que les mineurs ne sont pas tenus d'opter avant leur majorité et l'année qui la suit[10].
  - **Pays étrangers**
    - La Belgique et l'Italie décident de même ;
    - L'Allemagne admet l'option des mineurs, mais dans les mêmes délais que les majeurs et si les représentants des mineurs ont également opté[11].

Faits volontaires

- **France**
  - **Historique**
    - Dans l'ancien droit les Français ne pouvaient changer de nationalité sans l'autorisation du roi[12].
  - **Droit actuel**
    - On peut changer de nationalité, mais non renoncer à son ancienne patrie sans en acquérir une nouvelle[13] ;
    - La naturalisation, l'établissement sans esprit de retour n'opèrent que lorsqu'ils sont consommés[14] ;
    - Les déchéances enlèvent la nationalité, même si l'ex-français restait sans patrie[15] ;

- **Droits étrangers**
  - **analogues**
    - Autriche, Brésil, Colombie, Grèce, Mexique, Pays-Bas, Portugal, Suisse. (Cette dernière puissance exige pour la perte de la nationalité que le chef de famille ait acquis la naturalisation pour lui et pour tous les membres de la famille.)
  - **différents**
    - Allemagne, Angleterre (depuis 1870) ;
    - Hongrie, Italie.

Effets de la nationalité perdue ou acquise (NOTES).

1. Ce principe si simple n'a cependant pas toujours été accepté par tous. Brougham, demandant la nationalité française, écrivait : « Je n'ai pu jamais douter qu'en me faisant naturaliser citoyen français, je devrais perdre « tous mes droits de pair anglais en France, je ne garderai mes privilèges d'Anglais qu'en Angleterre, et en « France je dois être ce que les lois de la France accordent aux citoyens de la République. » Crémieux répondit : « La France n'admet pas de partage, elle n'admet pas qu'un citoyen français soit en même temps citoyen d'un « autre pays. Pour devenir Français, il faut que vous cessiez d'être Anglais. Vous ne pouvez être Anglais en « Angleterre et Français en France ; nos lois s'y opposent formellement : il faut opter. »

2. Telle est au moins la théorie du code. « L'expatriation est l'usage d'une faculté naturelle que l'on ne peut « contester à l'homme. » Tronchet. Depuis sont intervenus les décrets du 6 avril 1809, relatifs aux obligations du Français se trouvant à l'étranger en cas de guerre, et le décret du 26 août 1811 sur la naturalisation des Français sans autorisation ; ce dernier décret, qui seul a trait à notre matière, édictait la confiscation et l'impossibilité de succéder en France. En fait, la confiscation ne s'exerce plus ; peu importe pour quelle raison cette partie du décret a disparu, mais il y a controverse pour savoir si l'impossibilité de succéder est également abrogée.

3. * Dans un certain nombre de pays (Belgique, Angleterre) la naturalisation se divise, comme autrefois en France, en petite et grande naturalisation ; cette dernière seule confère les droits politiques.

4. Les Etats-Unis ont été, jusqu'en ces derniers temps, les partisans de l'allégeance perpétuelle. Leur intérêt les a amenés à modifier leur théorie. « C'est par le droit d'émigrer que ce pays a été peuplé, nous lui devons « notre existence comme nation. » *Opinions of attorney Black*, t. IX, p. 358 et 359 ; Lawrence, *sur Wheaton*, t. III, p. 237.

5. * Voir, sur les conséquences de l'allégeance perpétuelle, Laurent, *op. cit.*, t. III, p. 241.

6. * En ce pays, l'émigrant sans autorisation est considéré comme déserteur (loi du 5 décembre 1808, du 3 mai 1869), il encourrait même la confiscation et une sorte de mort civile.

7. « Le gouvernement sarde, écrivait M. Cavour en 1855, ne prétend pas que les Etats-Unis ne puissent « naturaliser les individus nés en pays étranger. Mais pour les effets de la naturalisation en dehors des Etats-Unis, « le gouvernement sarde est d'avis, qu'en l'absence de toute convention internationale, le Sarde qui a été naturalisé sans avoir été dégagé de ses liens naturels et légitimes qui l'attachent à sa patrie comme sujet, ne peut « être exempt des lois de son pays de naissance. » Ces idées forment l'article 12 du code civil de 1865.

8. L'allégeance perpétuelle est le droit pour un gouvernement de retenir à toute époque ses sujets qui ne peuvent se détacher de la nation comme au moyen âge le serf, de la terre ; le vassal, de ses obligations féodales.

9. * En Russie, l'allégeance n'existe que pour les Russes de naissance et non pour les naturalisés russes.

10. ** En Turquie, la prohibition a pour but d'empêcher les sujets ottomans de changer de nationalité pour se placer sous le régime des capitulations.

11. La naturalisation est, en effet, subordonnée à des conditions que doit remplir en personne l'individu qui la demande. D'autre part, elle forme un contrat et ne donne de droit qu'à ceux qui y sont portés. Cela résulte encore de l'article 2, loi du 7 février 1851 ; de l'article 2, loi du 16 décembre 1874, et de la loi du 14 février 1882.

12. Ce point est constant en jurisprudence. Cass. civ., 19 août 1864 ; Cass., 6 mars 1877. *Journ. dr. int. pr.*, t. III, p. 29 et t. IV, p. 354. La perte de la nationalité est régie par la loi ancienne, et non par la loi nouvelle, C. de Lyon, 19 mars 1875, *Journ. dr. int. pr.*, t. III, p. 183. Toutefois un jugement du tribunal de Constantine a décidé, que l'option faite par un annexé influait sur la nationalité de la femme. 21 juin 1876, *Journ. dr. int. pr.*, t. IV, p. 426.

13. * En Russie, et aux termes de la loi, les femmes étrangères ne peuvent se faire naturaliser sans leur mari.

14. En Italie et en Angleterre, on exige une résidence commune ; en Allemagne, la naturalisation n'est collective que sauf stipulation contraire ; en Suisse, elle n'est collective qu'autant que la loi de l'ancienne patrie le permet. Il y a là le moyen d'éviter des conflits.

15. Ce conflit se présente lorsqu'un sujet de l'Etat qui pratique l'allégeance retourne, après s'être fait naturaliser, dans son pays d'origine. Voyez les débats de l'affaire Wagner, article de M. Beauchet, *Journ. dr. int. pr.*, t. XI, p. 247. M. Frelinghuysen, américain, disait avec raison que le départ de Russie de tout enfant mâle fût considéré comme **une évasion d'un service militaire éventuel**. Voir également la convention du 13 mai 1870 entre l'Angleterre et les Etats-Unis.

16. ** Voir les traités des Etats-Unis avec la Prusse, ou traité Bancroft, 22 février 1860 ; avec l'Autriche, 20 septembre 1870.

17. * Il faudrait admettre la réciprocité.

18. Il faudrait admettre le principe français de la personnalité, mais admettre une naturalisation de faveur pour la femme et les enfants.

Effets de la nationalité perdue ou acquise.

Majeurs

France
- Le naturalisé perd tous les droits civils dans son ancienne patrie pour les acquérir dans la nouvelle [1];
- Il n'est pas frappé dans ses intérêts pour s'être fait naturaliser sans autorisation [2];
- Il perd tous droits politiques dans son ancienne patrie, sans les acquérir toujours complètement dans sa nouvelle patrie [3];
- Il cesse d'être tenu au service militaire français à moins qu'il ne le doive actuellement; auquel cas il est insoumis.

Droits étrangers

analogues
- Belgique; Etats-Unis depuis 1868 [4];
- Suisse; Angleterre depuis 1870 [5].

différents
- **Le service militaire éventuel empêche l'émigration volontaire;** Allemagne, Autriche-Hongrie [6], Bavière, Wurtemberg, Italie [7];
- **Allégéance perpétuelle** [8]. La naturalisation non autorisée est à toute époque réputée non avenue; Russie [9], Vénézuéla, Turquie [10].

Femme et mineurs

France
- La naturalisation du chef de famille lui est personnelle;
- Elle donne à la femme et aux enfants droit à la naturalisation de faveur [11];
- La naturalisation du Français n'enlève pas la nationalité française à la femme et aux enfants [12].

Droits étrangers

analogues
- naturalisation de faveur possible: Grèce, art. 17;
- sans naturalisation de faveur: Belgique, Brésil, Luxembourg, Monaco, Turquie.

naturalisant

la femme
- 1re classe. — Autriche-Hongrie; Russie [13]; Angleterre; Suède; Canada; Etats-Unis; Colombie; Vénézuéla;
- 2e classe. — Allemagne; Italie; Suisse;

les enfants
- 1re classe. — Autriche-Hongrie; Suède;
- 2e classe. — Allemagne; Italie; Angleterre; Suisse [14].

Conflits

chefs de famille
- Le conflit existe entre les pays qui retiennent leurs nationaux d'une façon perpétuelle (allégéance), et les pays dont ils se réclament après leur naturalisation [15];
- Le conflit existe entre les pays qui retiennent leurs nationaux jusqu'à l'accomplissement de leur service militaire, et les pays dont ils se réclament après leur naturalisation [16].

femmes et mineurs
- Le conflit existe entre les pays qui donnent à la naturalisation un effet individuel, mais en y adjoignant une naturalisation de faveur possible pour la femme et les enfants et les pays qui ne permettent pas à leur nationaux de perdre par option leur nationalité [17];
- Le conflit existe entre les pays qui donnent à la naturalisation un effet collectif et ceux qui lui donnent un effet individuel [18].

Etrangers. — Leur condition générale (NOTES).

1. * Pour ce qui concerne la situation des étrangers en France dans notre ancien droit se reporter p. 6, 7, 12 et 13 et consulter Demangeat, *Histoire de la condition des étrangers en France.*

2. * Il est en effet protégé par ces mêmes lois. Ces mots, lois de police et de sûreté, doivent être du reste pris dans un sens large, ainsi il a été décidé que des étrangers peuvent être astreints à un service de nuit, trib. de paix de Rélizane. Algérie, 9 nov. 1881, *Journ. dr. int. pr.*, t. IX, p. 315.

3. Tels sont par exemple le droit d'être témoin dans les actes notariés, de servir dans les armées françaises, d'exercer la profession d'avocat, etc.

4. Cette distinction dont s'est emparé la jurisprudence existait déjà dans notre ancien droit où elle reproduisait plus ou moins fidèlement la distinction que les Romains faisaient entre le *jus gentium* et le *jus civile.* Ce système qui tient compte de la tradition que ne contredisent pas ni les travaux préparatoires, ni les articles du Code a le grand avantage de se plier aux exigences du droit moderne puisque des droits réputés autrefois civils peuvent être reconnus aujourd'hui du droit des gens ; mais par contre il est trop vague et ne permet pas de fixer d'une façon définitive la condition juridique des étrangers, Cass., 17 nov. 1834, Sir., 1841, 1, 544.

5. * Nous aurons toutefois l'occasion de voir dans les tableaux suivants que cette faculté comporte de nombreuses restrictions.

6. ** Voir tableau : des privilèges et hypothèques.

7. * L'adoption étant une création légale, qui n'est venue consacrer aucun droit naturel, est nécessairement un droit civil. Civ. cass., 7 juin 1626, Sir., 1826, 1, 330.

8. M. Demolombe *op. cit.*, I, 240 à 246 *bis*, est l'auteur de ce système à l'appui duquel il invoque un arrêt de la cour de cassation, Civ. cass., 14 août 1844, Sir., 1844, 1, 756. Les textes qui ont concédé des droits sont les suivants : art. 3, les étrangers peuvent être propriétaires ; art. 15, être créanciers d'un Français ; art. 16, l'actionner en justice ; art. 12 et 20, se marier en France ; abrogation des articles 726 et 912 et loi du 14 juillet 1819, succéder en France ; art. 3 décr. du 16 janv. 1808, devenir actionnaire de la banque de France ; décrets du 5 février 1810, 25 mars 1852, lois du 5 juillet 1844, 13 juin 1857 et 27 juin 1866, revendiquer la propriété littéraire, artistique, un brevet d'invention ou une marque de fabrique.

9. Ce système a été enseigné par MM. Valette, *Explication sommaire*, p. 408 à 416, Demangeat, *op. cit.*, n° 56, Bufnoir *à son cours.* Les droits refusés aux étrangers par un texte spécial sont aujourd'hui en bien petit nombre, on peut néanmoins citer les déchéances prévues par les articles 14, 15, 16. C'est l'impossibilité de jouir du bénéfice de cession de biens, art. 905, c. pr. civ., devenu inutile depuis l'abolition de la contrainte par corps. De même en vertu de la loi du 28 mai 1853 (art. 3) les étrangers non admis à domicile ne peuvent faire des versements à la caisse des retraites pour la vieillesse.

10. On admet même qu'il peut jouir de bénéfices réservés aux seuls Français, par exemple actionner un étranger en France, l'actionner même si ce dernier n'y est pas domicilié ou n'y a aucune résidence. En sens inverse on le répute incapable de jouir du bénéfice consacré par l'art. 2 de la loi du 14 juillet 1819.

11. Il n'y a pas jusqu'ici de traité conclu par la France et faisant disparaître d'une façon générale toute incapacité de l'étranger ; mais des traités faisant disparaître telle ou telle incapacité, ils seront cités lors de l'étude de ces incapacités.

12. En Angleterre l'inégalité entre l'étranger et le national est complété, cependant des lois récentes ont réalisé des progrès. En vertu d'un statut d'Henri VIII un étranger ne pouvait prendre une maison à bail, le statut de 1843 permit de les louer pour 21 ans au plus, une loi de 1870 lui permet d'en acquérir la propriété.

13. En Suède il faut distinguer deux sortes d'étrangers : 1° les Norwégiens et les Danois avec lesquels il règne une grande égalité et les étrangers qui d'ordinaire n'ont presque aucune communication du droit national. Voir : article de M. Dareste, *Journ. dr. int. pr.*, t. VII, p. 434.

14. Sur le droit autrichien voir un article de M. Stoerk, *Journ. dr. int. pr.*, t. VII, p. 329 et suiv.

15. Pour le Pérou voir un article de M. Pradier-Fodéré, *Journ. dr. int. pr.*, t. V, p. 578 et suiv.

16. Pour la Serbie voir un article de M. Pawlovitsch, *Journ. dr. int. pr.*, t. XI, p. 5 et 140.

17. Pour la Hollande il existe quelque difficulté. D'après M. Laurent, *op. cit.*, t. III, p. 58, le principe égalitaire ne serait pas sans comporter de nombreuses exceptions ; mais M. Asser, *op. cit.*, p. 41, prodiguant les louanges à la réforme italienne, réclame une mention honorable pour la loi hollandaise et s'appuie du témoignage de Mancini:

Etrangers. — Leur condition générale.

France

- **L'étran-ger [1]**
  - est soumis aux lois de police ou de sûreté [2] ;
  - reste toujours soumis à la loi de son statut personnel ;
  - ne jouit jamais des droits politiques français ;
  - ne jouit jamais des droits semi-publics [3] ;
  - est soumis à nos lois pour ce qui concerne les immeubles.

- **Etrangers ordinaires**
  - **Système de la juris-prudence**
    - L'étranger jouit des droits naturels et non des droits civils [4].
      - **droits naturels**
        - le mariage en France ;
        - la puissance paternelle ;
        - l'acquisition des biens en France ;
        - le fait d'agir en justice [5] ;
        - le moyen tiré de la prescription.
      - **droits civils**
        - l'usufruit légal des père et mère ;
        - l'hypothèque légale des incapables [6] ;
        - l'adoption [7].
  - **autres systèmes**
    - PREMIER SYSTÈME. — L'étranger ne jouit que des droits qui lui sont spécialement accordés [8].
    - DEUXIÈME SYSTÈME. — L'étranger jouit de tous les droits qui ne lui sont pas spécialement refusés [9].

- **Etrangers favorisés**
  - **Admis-sion à domicile**
    - L'étranger est d'une façon générale relevé des incapacités qui frappent les étrangers [10] ;
    - Par la communication de nos droits civils, il reçoit la possibilité d'exercer les droits dont la concession lui est reconnue par sa loi nationale.
  - **Traités**
    - Les traités (non les lois ou les jurisprudences étrangères) relèvent l'étranger seulement des incapacités spécifiées au traité [11].

Droits étrangers

- **analogues**
  - L'égalité entre les étrangers et les nationaux ne peut être rétablie que par la conclusion de traités ou de conventions diplomatiques : Belgique, provinces rhénanes.

- **différents**
  - **Première classe**
    - L'inégalité est complète entre les étrangers et les nationaux : Angleterre [12], Etats-Unis, Suède [13].
  - **Deuxième classe**
    - L'égalité n'existe qu'autant qu'il y a réciprocité non plus diplomatique, mais légale ou jurisprudentielle : Autriche [14], Bavière, Espagne, Pérou [15], Prusse, Serbie [16].
  - **Troisième classe**
    - L'assimilation entre l'étranger et le national est complète : Italie, Hollande [17].

Tendance*

RÉSOLUTION DE L'INSTITUT. — *L'étranger, quelle que soit sa nationalité ou sa religion jouit des mêmes droits que le régnicole sauf les exceptions formellement établies par la législation actuelle.*

Etranger défendeur. — Dérogation aux règles de compétence (NOTES).

1. * Cette règle de compétence a une telle importance qu'en certains pays, en Egypte par exemple, elle est attributive de juridiction.

2. Dans le projet primitif de l'article 14, se trouvaient les mots *si l'étranger est trouvé en France;* ces mots ont disparu lors de la rédaction définitive. Voir une consultation de Crémieux, insérée sous l'arrêt de Cassation rapporté, Sir., 1843, 1, 15.

3. ** C'est ce qui a été décidé par arrêt de Cassation 27 mars 1833, rapporté dans la Gazette des tribunaux, 10 avril 1833.

4. Aubry et Rau, *op. cit.* T. VIII, p. 141. Les sociétés pourraient être reconnues, même si elles n'avaient pas d'existence légale, elles seraient poursuivies alors comme sociétés de fait, Bonfils, *De la compétence des tribunaux français à l'égard des étrangers*, p. 42, n° 48. Voir également le réquisitoire de l'avocat général Dupin, Cass., 18 mai 1863, Sir., 1863, 1, 383.

5. Cette proposition est controversée. Pour repousser l'opinion prévue au texte on fait remarquer que celui qui contracte avec un Etat étranger se soumet à toutes les conséquences de la souveraineté. Ce dernier parti est celui de la jurisprudence, Cass., 22 juin 1849. Contra Paris, 6 mai 1845. Demangeat, *Revue pratique*, t. 1, et Bonfils, *op. cit.*, p. 55, n° 58.

6. * Demangeat, *sur Fœlix*, T. I, n° 176, p. 338 ; — Contra Massé, *Droit commercial*, T. II, p. 119.

7. Deux arrêts Paris, 28 février 1814 et 20 mars 1834, ne l'accordent pas au Français résidant à l'étranger pour les motifs suivants : on ne peut dire que le Français soit embarrassé pour rencontrer l'étranger, il le trompe en l'enlevant à ses juges naturels. Le texte de l'article 14 ne distingue pas. Il faut naturellement que le Français, résidant à l'Etranger, n'ait pas perdu l'esprit de retour, Cass., 26 janv. 1836. Sir., 1836, I, 217.

8. * Il n'y a pas de difficulté en ce cas : Cass., 26 janv. 1833, Sir., 1833, 1, 100; Cass. rej., 2 août 1876, Sir., I, 97, mais le motif donné « il est dû au papier et non à l'individu » est peu satisfaisant.

9. Lorsque la créance est advenue par succession on admet l'application de l'article 14. Il n'y a controverse que lorsqu'il s'agit de cession. La jurisprudence donne des raisons peu plausibles : on ne peut transmettre plus de droit que l'on n'en a ; ce raisonnement est sans importance, il tranche la question par la question et ne peut être admis puisque le bénéfice de l'article 14 est personnel au nouveau créancier, Bodin, *Revue pratique*, T. V, p. 147. On peut ajouter que la jurisprudence hésiterait en sens inverse à admettre que l'étranger, cessionnaire d'un Français contre un étranger, pût se prévaloir contre ce dernier de l'article 14, et cependant il le faudrait s'il s'agit d'un bénéfice applicable à la créance et non au créancier, Voir : Bonfils, *Traité de procédure*, p. 258, et trib. civ. de la Seine, 10 avril 1878, *Journ. dr. int. pr.* T. V, p. 492.

10. ** Cass., 24 avril 1827, Sir., 1828, 1, 212.

11. ** Cass., 13 décembre 1842, Sir., 1843, 1, 14. Il nous semble inutile d'examiner comme Gand, *Code des étrangers*, p. 190 et 191, si l'article 14 attributif de juridiction indique par cela même la législation applicable.

12. * C'est ce qui a été décidé par un arrêt de la cour de Cassation 26 janvier 1836, cassant un arrêt de la cour de Paris, du 20 mars 1834.

13. Les traités conclus par la France pour empêcher l'application de l'article 14 sont les traités du 11 janvier 1787 (art. 7) avec la Russie, du 6 juin 1843 (art. 3) avec la république de l'Equateur, du 15 juin 1869 (art. 1) avec la Suisse. Voir aussi les nombreux traités cités au tableau : contestations entre étrangers.

14. Ce principe a été établi par trois arrêts de la cour de Cassation cités par Fœlix et en date des 15 nov. 1827, 14 févr. 1837 et 24 févr. 1836. Ainsi le fait d'avoir été assigné à l'étranger et d'y avoir été condamné par défaut n'entraine pas pour le Français renonciation volontaire, Arr. Cass., 11 décembre 1860 et cass. req., 2 août 1876, *Journ. dr. int. pr.* T. III, p. 360.

15. * Jug. du tribunal de commerce de la Seine 8 janv. 1875, *Journ. dr. int. pr.* T. III, p. 101 et jug. du tribunal civil de la Seine, 26 août 1879, *Journ. dr. int. pr.* T. VII, p. 191.

16. * Voir l'article 520 du nouveau code de procédure belge rapporté par Laurent, *op. cit.* T. IV, p. 18.

17. ** Voir Bonfils, *De la compétence*, p. 98.

Etranger défendeur. — Dérogation aux règles de compétence.

France

Règles ordinaires

- **Première règle** : En matière personnelle le demandeur doit être assigné devant le juge de son domicile ou de sa résidence. **Actor sequitur forum rei**[1].
- **Deuxième règle** : En matière de société, de succession, le défendeur est assigné au siège de la société, au lieu où s'est ouverte la succession.

Il est dérogé à **ces deux règles** lorsque le demandeur est un étranger non favorisé (art. 14, C. civ.).

Dérogation

L'étranger :
- résidant ou non[2];
- même naturalisé depuis[3];
- personne physique ou morale[4];
- personne privée ou personne publique (état, souverain), ayant agi comme une personne privée[5].

peut être cité par :
- tout Français :
  - ayant cette qualité soit au moment où l'obligation s'est formée, soit depuis[6];
  - résidant ou non à l'étranger[7];
  - créancier originaire;
  - cessionnaire soit par voie d'endossement[8] soit autrement[9];
- l'étranger | admis à domicile[10].

à l'occasion :
- d'obligations contractuelles;
- d'obligations non-contractuelles[11].

devant le tribunal :
- de la résidence, si l'étranger réside en France;
- du domicile ou de la résidence du demandeur;
- hors ces cas devant le tribunal choisi par le Français[12].

Retour aux règles
- si l'étranger défendeur est admis à domicile;
- si l'étranger est sujet d'un pays ayant une convention diplomatique avec la France[13];
- si le Français a renoncé volontairement au bénéfice de l'article 14 d'une façon expresse[14] ou tacite[15].

Droits étrangers

analogues :
- Pays-Bas, la règle est inscrite au code de proc. civ., art. 127;
- Pologne, art. 13; Haïti, art. 15; canton de Vaud, art. 8.

différents :
- Toutes les nations qui admettent l'assimilation entre le national et l'étranger rejettent le système français;
- Allemagne, Espagne, Portugal : Ces pays admettent le système français ou plutôt ne l'appliquent qu'exceptionnellement et par voie de rétorsion;
- Belgique[16], Danemark[17] : Dans ces deux pays les étrangers peuvent être assignés devant les tribunaux nationaux, mais dans des cas particuliers.

Etrangers demandeurs. — Caution judicatum solvi (Notes).

1. L'article 15 est une application de la règle générale **Actor sequitur forum rei** ; à ce titre il doit être étendu. C'est ainsi que l'on décide qu'il s'applique aux obligations quelles qu'elles soient, même non contractuelles, aux obligations créées en France ou à l'étranger, Cass., 13 déc. 1842, D., 1843, I, 14.

2. Malgré son nom, la *cautio judicatum solvi* ne vient pas du droit romain. Dans ce droit, la caution qui s'en rapproche le plus est la *cautio de impensis*. Notre caution vient vraisemblement du droit coutumier ; à l'origine, il parait qu'elle était exigée non seulement des étrangers, mais aussi des Français lorsque ceux-ci plaidaient hors du diocèse ou de la province.

3. Il n'y a pas à distinguer si l'étranger est une personne physique ou morale, s'il est simple particulier ou personne souveraine (en s'adressant à nos tribunaux les souverains étrangers se soumettent à toutes les conditions nécessaires pour obtenir justice en France), si l'étranger l'a toujours été ou s'il l'est devenu par un démembrement de territoire, non suivi d'adoption (Alsacien-Lorrain), *Journ. dr. int. pr.*, T. IV, p. 38 et 142.

4. L'assistance judiciaire ne vise que les rapports entre le plaideur et le trésor et non entre le demandeur et le défendeur. Aubry et Rau, *op. cit.*, T. VIII, p. 128, note 8.

5. C'est une défense à la demande principale. Boitard, *Leçons sur la procédure*, T. I, p. 321, et Cour de Paris, 14 février 1849.

6. La question est des plus controversées, mais la solution émise au texte semble l'emporter, *Journ. dr. int. pr.*, T. VI, p. 541 ; T. VII, p. 393. Contra *Journ. dr. int. pr.*, T. X, p. 611, et Trib. civ. Seine, 16 juin 1880, *Journ. dr. int. pr.*, T. VII, p. 192.

7. L'appel est une suite de la défense. Cette solution est généralement admise, Cour de Nancy, 18 août 1875, *Journ. dr. int. pr.*, T. III, p. 454. Voyez cependant *Journ. dr. int. pr.*, T. IV, p. 224, et T. XI, p. 389. Pour le pourvoi en cassation et les voies de recours extraordinaires on admet qu'elle est exigée.

8. *Cour de Paris, 24 déc. 1880, *Journ. dr. int. pr.*, T. IX, p. 192. Il s'agissait dans l'espèce d'un Français défendant en qualité d'exécuteur testamentaire.

9. * Tribunal civil de la Seine, 4 janv. 1881, *Journ. dr. int. pr.*, T. VIII, p. 58. En ce sens Aubry et Rau, *op. cit.*, T. VIII, p. 131.

10. Cette question est controversée, cependant on est conduit à la refuser à tout demandeur étranger puisqu'elle ne lui est pas accordée soit comme mesure de sûreté et de police et qu'elle a surtout pour but de protéger les intérêts français. Arr. Cass., 15 avril 1842.

11. ** Arr. de Cass., 3 février 1814, Sir., 1814, 1, 116.

12. ** Arrêt du Conseil d'Etat, 26 août 1824.

13. Elle doit être demandée avant toute autre exception, car cette exception même peut entraîner des frais. Le fait de poser des conclusions au fond rend le Français irrecevable à la proposer, à moins que le demandeur ne devienne étranger au cours du procès, Trib. civ. de Bruxelles, 25 février 1876, *Journ. dr. int. pr.*, t. V, p. 510.

14. Les traités qui dispensent formellement sont le traité du 24 mars 1760 (art. 22) conclu avec la Sardaigne et dont l'application a été étendue à l'Italie, la convention du 7 janvier 1862 et traité du 6 avril 1882 (art. 3) avec l'Espagne, le traité du 15 juin 1869 (art. 13) avec la Suisse. Enfin dans un grand nombre de traités, dont la plupart sont passés avec des pays hors d'Europe, on trouve que les sujets de ce pays **doivent être traités comme les sujets de la nation la plus favorisée** ou encore **qu'ils auront un accès libre et facile auprès de nos tribunaux.** Si ces deux clauses doivent être considérées comme dispensant de la caution *judicatum solvi*, il s'ensuivrait qu'il n'y aurait que les étrangers sujets des pays d'Europe qui n'en fussent pas dispensés.

15. Voir *Journ. dr. int. pr.*, T. III, p. 190. Suivant la remarque du juge James, un créancier étranger peut actionner son débiteur étranger en Angleterre et le forcer à donner caution ou lui intimer l'ordre de rester en Angleterre.

16. Voir l'article de M. le baron d'Ourem à l'occasion de l'arrêt de la Cour d'appel de Rio de Janeiro, 21 octobre 1879, *Journ. dr. int. pr.*, T. VII, p. 515 et s.

Etrangers demandeurs. — Caution judicatum solvi.

L'étranger peut actionner en France tout Français pour obligation existant entre eux [1] mais à charge de fournir la caution *judicatum solvi* [2].

France

Elle est due

par tout étranger [3]

> **Demandeur au fond.** — Principal ou intervenant, même s'il a obtenu l'assistance judiciaire [4];
>
> **Mais non demandeur en la forme seulement** comme le demandeur reconventionnel [5], le demandeur à fin de nullité de saisie [6] ou d'une voie d'exécution, de refus de l'exéquatur d'un jugement étranger, appelant d'une instance où il était défendeur [7].

à tout

Français
> de naissance ou naturalisé;
> plaidant pour lui-même;
> plaidant les qualités [8];

Etranger
> admis à domicile [9];
> et non à tout autre [10].

en matières
> Civiles, personnelles ou réelles;
> Criminelles, correctionnelles ou de simple police [11];
> Administratives [12];

Il y a dispense

au profit de l'étranger
> Admis à domicile et non simplement résident:
> Possédant des immeubles en France;
> Plaidant en matières commerciales.

ou s'il y a eu
> Renonciation expresse du demandeur;
> Renonciation tacite en ne demandant pas la caution *in limine litis* [13];
> Traité et non réciprocité législative ou jurisprudentielle avec le pays de l'étranger demandeur [14];

Droits étrangers

analogues
> Luxembourg, Belgique, Suisse, Mexique.
>
> Pays-Bas { En ce pays elle est exigée même en matière commerciale.

Allemagne { Elle est exigée à moins que l'étranger ne soit muni d'un titre exécutoire.

différents
> Pologne Etats-Unis { Elle n'est pas exigée des étrangers qui résident dans le pays.
>
> Italie { Elle n'est exigée d'aucun étranger.
>
> Angleterre [15] Brésil [16] { Elle est exigée des étrangers comme des nationaux.

Critique

La caution *judicatum solvi* n'est destinée qu'à amener des mesures de rétorsion. Elle devrait être supprimée.

Contestations entre étrangers (NOTES).

1. Cass., 22 janvier 1816, D., Répert., v. comp. civ. des trib. d'arrond., n° 277. Ce raisonnement n'est pas probant lorsque l'étranger est résident en France ; dans tous les cas, si telle est la base du système de la jurisprudence, l'incompétence devrait être d'ordre public.

2. Colmar, 30 septembre 1815. Sir., 17, 2, 62 et D., Rép. v. droits civils, n° 324-25.

3. Paris, 23 juin 1836, D., 1836, 2, 161 ; D., Rép. v. droits civils, n° 314, et Paris, 25 novembre 1839, D. id., n° 318. — Rennes, 16 mars 1842, Sir., 42, 2, 211. Les tribunaux français connaissent cependant des lois étrangères toutes les fois qu'il y a traité avec la France, que l'un des étrangers qui plaide est admis à domicile, que l'étranger défendeur ne soulève pas l'incompétence et que le tribunal consent à juger.

4. Ce système a été affirmé surtout par l'arrêt de rejet du 2 avril 1833.

5. L'incompétence que le défendeur peut invoquer n'est pas une incompétence *rationæ materiæ* (d'ordre public). Les parties peuvent donc y renoncer soit en dehors de toute instance, par exemple par une élection de domicile, soit en concluant au fond sans avoir soulevé l'incompétence. Cass., 15 avril 1841.

6. Il semblerait que l'incompétence étant purement relative, les tribunaux dans le silence des parties devraient connaître de l'affaire ; cependant la jurisprudence admet le système contraire et même soutient que les juges d'appel pourraient ne pas connaître de l'affaire alors que les juges du premier degré en auraient déjà connu. « Dans « ce système, l'incompétence des tribunaux français, à raison de l'extranéité des plaideurs, semble être d'une « nature spéciale ; relative vis-à-vis des parties, et en ce sens qu'elle peut être couverte par le tribunal, elle « tient cependant de l'incompétence absolue en raison du droit reconnu au tribunal de se dessaisir en tout état « de cause. » Glasson, de la compétence des tribunaux français. *Journ. dr. int. pr.*, t. VIII, p. 132 ; Cass., 14 avril 1818 ; 29 mai 1833 ; 16 mai 1849 ; 10 mars 1858 et 27 janvier 1875.

7. Cette compétence dérive, d'après notre jurisprudence, de l'article 59 du code de procédure civile et de l'article 3 du code civil ; elle est étendue même aux successions immobilières.

8. Rennes, 27 avril 1847, Sir., 1847, 2, 444 ; trib. civ. Seine, 24 décembre 1880, *Journ. dr. int. pr.*, t. VIII, p. 59.

9. Cette exception, basée sur cette raison d'équité que l'étranger ne pourrait assigner son adversaire à l'étranger, semble être de jurisprudence récente. Trib. civ. Seine, 18 mars 1880 et 21 février 1884. *Journ. dr. int. pr.*, t. VII, p. 191 et t. XI, p. 617.

10. On cite d'ordinaire, comme donnant lieu à l'application de cette règle, le traité franco-russe du 11 janvier 1707, art. 7 et 16 ; Fœlix, *op. cit.*, t. I, n° 154 et suiv. — Contra Cass., rej., 30 juin 1823. Dall., v. Droits civils, n° 320, note 1, et quelquefois le traité d'Utrecht, 11 avril 1713, pour les Anglais et Hollandais ; Aubry et Rau, *op. cit.* — Contra Cass., 27 janvier 1857, Sir., 1857, 1, 161. En sens inverse, on ne cite pas l'article suivant du traité du 12 juillet 1855 avec la Perse : « En France, les sujets persans seront également, dans « toutes leurs contestations soit entre eux, **soit avec des sujets français ou étrangers**, jugés suivant le « mode adopté dans cet empire envers les **sujets de la nation la plus favorisée**. » — On trouve un article semblable dans le traité avec le Brésil du 7 juin 1826 (art. 6), avec la République de Libéria, avec l'Imanat de Mascate, 28 février 1882.

11. Dans un certain nombre de traités, on lit d'ordinaire en l'article 4 : « Les sujets respectifs auront **un libre « et facile accès auprès des tribunaux** pour la poursuite et la défense de leurs droits. Ils jouiront sous ce « **rapport des mêmes droits et privilèges** que les nationaux. » Sauf erreur de notre part, ils ont, en vertu de cet article, les mêmes droits et privilèges que les nationaux français (ceux-ci en vertu de l'article 14 du c. civ.), et par suite ils peuvent citer devant les tribunaux de France les étrangers, alors même que ces derniers n'y résideraient pas. Des articles semblables existent dans les traités conclus avec la Bolivie, le Chili, la république de Costa-Rica, Dominicaine, de l'Equateur, avec l'Espagne, la Grèce, le Guatémala, le Honduras, le Nicaragua, la Nouvelle-Grenade, le Paraguay, le Pérou, le San Salvador, les îles Sandwich. Comme conséquence, presque tous les nouveaux Etats seraient favorisés et les Etats de l'Europe n'auraient au contraire aucun droit.

12. * Massé et Vergé, sur *Zachariæ*, t. I, § 62, p. 87.

13. Les ordonnances de 1535, 1565 et 1673 attribuaient compétence à nos tribunaux pour les obligations contractées en foire, et la jurisprudence de nos parlements étendait cette exception.

14. Il y a là une affinité avec le droit de police qui s'impose à tout étranger. Cass. req., 24 novembre 1857.

15. * Cass., 18 mars 1878, Sir., 1878, 1, 198, et M. Feraud-Giraud, compétence des tribunaux français. *Journ. dr. int. pr.*, t. VII, p. 171.

16. La reconnaissance que l'Etat français fait de pareils établissements donne compétence à nos tribunaux. Bonfils, *Compétence des tribunaux*, etc., n° 212.

Contestations entre étrangers.

France

- **jurisprudence** → refuse de connaître de ces contestations et donne comme :
  - **motifs** :
    - Le défendeur ne doit pas être distrait de ses juges naturels [1] ;
    - Le demandeur étranger n'a aucun droit à la justice française [2] ;
    - Le juge français n'a, ni à connaître, ni à appliquer les lois étrangères [3] ;
  - mais les tribunaux qui **se déclarent incompétents à raison de la qualité des parties admettent qu'ils peuvent à raison de la nature du procès devenir compétents** d'une façon facultative ou obligatoire [4].

- **Compétence facultative**
  - en toutes matières personnelles mobilières ;
  - lorsqu'il s'agit de question d'état.
  - **sous les conditions suivantes** :
    - PREMIÈRE CONDITION. — Le défendeur ne décline pas utilement la compétence du tribunal français [5] ;
    - DEUXIÈME CONDITION. — Le tribunal dans ces conditions n'est pas lié et peut d'office se dessaisir ou connaître [6].

- **Compétence obligatoire**
  - **ordinaire**
    - Actions immobilières réelles ou personnelles [7],
    - Actions mobilières réelles ;
  - **exceptionnelle résultant de**
    - **fait personnel au défendeur**
      - Admission à domicile en France [8] ;
      - Non indication du domicile du défendeur [9] ;
      - Traité consacrant d'une façon explicite [10] ou non [11] notre compétence ;
    - **de règles de droit**
      - Actions civiles résultant d'un délit [12] ;
      - Matières commerciales [13] ;
      - Mesures provisoires ou conservatoires [14] ;
      - Extranéité acquise frauduleusement [15] ;
      - Etablissements de bienfaisance en France [16] ;
    - **de règles de procédure**
      - Pluralité des défendeurs ;
      - Intervention ;
      - Demandes incidentes ;
      - Demandes en garantie.

Droits étrangers

- **analogues** | Haïti.
- **différents**
  - **Première classe** : L'étranger peut actionner un étranger comme un national : Allemagne, Angleterre, Autriche, Bade, Etats-Unis, Pays-Bas ;
  - **Deuxième classe** : L'étranger ne peut en principe être actionné par un étranger ; mais il y a de larges exceptions admises par la loi : Belgique, Italie.
  - **Troisième classe** : Les étrangers sont jugés par des juges spéciaux dits **conservateurs des droits des étrangers** : Espagne, Portugal.

critique

- La compétence de nos tribunaux est d'ordre public si on la juge d'après les motifs qu'ils donnent, et relative si l'on s'arrête aux décisions qu'ils rendent ;
- Ce système ne tient compte d'aucun des besoins du droit international privé et doit être rejeté.

Compétence judiciaire. — Orient et Extrême-Orient (NOTES).

1. Les capitulations sont non des traités, mais des décisions, révocables à l'origine et devenues aujourd'hui irrévocables. Elles sont la conséquence de l'idée que les Orientaux se font du droit ; pour eux le droit est une partie de la religion, et les non mahométans ne peuvent être régis par la loi religieuse et le droit musulman.

2. * Sous cette expression Levant et Barbarie, on comprenait autrefois tout l'empire turc et toutes les côtes septentrionales de l'Afrique. Les démembrements de l'empire ottoman (Grèce, royaumes créés au traité de Berlin, occupation de l'île de Chypre), les conquêtes du Nord de l'Afrique (Algérie, Tunisie), la réforme judiciaire de l'Egypte ont considérablement réduit l'empire des capitulations.

3. * Sous cette expression, il faut comprendre le droit civil dans sa plus large acception ; il renferme par suite le droit commercial.

4. Cette réserve de compétence provient de ce qu'à l'origine les étrangers ne pouvaient acquérir valablement des immeubles en Turquie ; ils le peuvent maintenant en vertu de la loi du 10 juin 1857, mais sous la réserve qu'ils seront justiciables des tribunaux turcs (protocole signé à Constantinople le 9 juin 1868).

5. * L'expression de Français comprend les protégés français et les établissements religieux français protégés.

6. Les capitulations à l'égard des contestations entre étrangers avaient exclu la compétence des tribunaux locaux, art. 52, sans indiquer le tribunal compétent. Un accord verbal, intervenu en 1820 entre les ambassadeurs de France, Angleterre, Autriche, Russie, et auxquels les autres pays ont adhéré depuis, a établi les commissions mixtes. Malgré leur fonctionnement depuis plus de cinquante ans, l'existence de ces commissions mixtes est contestée par la cour d'Aix, arrêt du 28 novembre 1854.

7. Ces tribunaux ont été institués par la Porte *proprio motu.* Ils fonctionnent à Smyrne, Beyrouth et autres localités ; ils sont composés de cinq juges, deux européens et trois indigènes. Ils ont nécessité la confection de codes récents.

8. * Le tribunal consulaire connaît des infractions commises à bord des bâtiments de commerce.

9. ** Suivant certains auteurs, les Turcs laisseraient nos tribunaux poursuivre faute de pouvoir poursuivre eux-mêmes, en dehors d'une action civile intentée.

10. Avant l'organisation internationale actuelle, l'Egypte était légalement régie par les capitulations, mais en fait, et par application de la formule *actor sequitur forum rei,* les consuls s'étaient emparé de tout procès où un non-égyptien était défendeur, qu'il s'agît d'une matière civile ou pénale. Renault, article paru dans le *Bulletin de la Société de législation comparée,* ann. 1875, p. 275.

11. C'est la formule sous laquelle on peut résumer le texte même de cette convention internationale dont voici les termes : les contestations entre indigènes et étrangers et entre étrangers de nationalités différentes *en dehors du statut personnel* (réserve spéciale insérée sur la demande de la France). Le droit appliqué provient de six codes dont il a déjà été parlé. La cour d'appel d'Alexandrie, qui fait également office de cour de cassation, est composée de onze juges : quatre indigènes et sept de nationalités différentes ; chaque tribunal comprend sept juges : quatre étrangers, trois indigènes.

12. Les délits prévus peuvent se ranger sous trois chefs : 1° crimes et délits commis directement contre les magistrats ou officiers publics ; 2° crimes et délits commis directement contre l'exécution des sentences et des mandats de justice ; 3° crimes et délits imputés aux juges, jurés ou officiers de justice. La commission internationale de 1884 propose, entre autres réformes, l'extension de la juridiction répressive des tribunaux de la Réforme. Consulter M. Martin-Sarzeaud, *Journ. dr. int. pr.,* T. XI, p. 581 et s.

13. La compétence ancienne a en effet persisté pour tout ce qui n'a pas été touché par la commission internationale.

14. Aux termes de l'article 5 du traité du 12 juillet 1855, les tribunaux persans n'ont pas, en effet, à intervenir.

15. L'instruction et la compétence se trouvent ici déterminées par le traité conclu à Turckmantchaï le 10-22 février 1828 entre la Perse et la Russie auquel se réfère notre traité de 1855 comme étant celui où les Européens reçoivent en matière criminelle le traitement le plus favorable. De Clercq et de Vallat, *Guide pratique des consulats,* T. I, p. 450.

16. Ce tribunal juge en premier et dernier ressort, en Chine, au Japon et à Siam pour toute demande non supérieure à 3.000 fr. ; au delà, on peut aller en appel à la cour d'appel de Saïgon, qui a remplacé la cour de Pondichéry. Au contraire, dans l'Imanat de Mascate et à Madagascar, il ne juge en premier et dernier ressort que jusqu'à concurrence de 1.500 fr. ; au delà, l'appel est porté à la cour d'appel de la Réunion. Il n'y a lieu à cassation que pour excès de pouvoir.

Compétence judiciaire. — Orient et Extrême-Orient.

Les capitulations [1] s'appliquent dans le Levant et en Barbarie [2] ;
Elles s'appliquent soit en matières civiles [3], soit en matières criminelles.

apitula-tions

- matières civiles
  - immobilières : Ces questions sont jugées par les tribunaux locaux sans tenir compte de la nationalité des parties [4].
  - personnelles entre :
    - Français [5] : Ces procès sont jugés par le *tribunal consulaire,* **reconnu par les capitulations,** organisé par l'édit de 1778. Appel à Aix ;
    - Français et étrangers : Ces procès sont jugés par des *commissions judiciaires mixtes,* **organisées en 1820.** L'appel est porté chez la nation du défendeur [6] ;
    - Français et indigènes : Ces procès sont jugés par les *tribunaux mixtes,* **organisés par la Porte [7].**
- délits commis
  - entre Français : Les contraventions sont jugées par le consul, les délits par le tribunal consulaire, les crimes et appels correctionnels par la cour d'Aix. Ces tribunaux **reconnus par les capitulations** ont été organisés par la loi de 1836 [8] ;
  - par un national : Il est jugé **conformément à l'usage** en première instance par le consul, en appel par la cour d'Aix [9].

Réforme en Égypte [10]

- matières civiles
  - où un étranger est partie [11] : Ces procès sont jugés par les *tribunaux mixtes,* établis à Alexandrie, à Ismaïla, et au Caire et **composés de magistrats de nationalités différentes ;** La cour d'appel est organisée de même ; Cette organisation date de la convention de 1875, renouvelée depuis ;
  - entre Français : Les procès sont jugés par les *tribunaux consulaires* **reconnus par les capitulations.**
- délits commis : Les tribunaux mixtes ne connaissent que des contraventions de police et d'un petit nombre de délits [12] ; Le tribunal consulaire connaît des crimes et délits entre nationaux [13].

Traités (Extrême-Orient)

Ces traités existent avec la Perse, 12 juillet 1855 ; avec la Chine, 24 octobre 1844, 27 juin 1858, 6 juin 1884 et 9 juin 1885 ; avec le Japon, 9 octobre 1862 ; avec Siam, 15 août 1858 ; avec l'Imanat de Mascate, 17 novembre 1844 ; avec Madagascar, 12 septembre 1862 et 8 août 1868.

- Perse
  - matières civiles : Entre Français le tribunal consulaire est compétent. Entre Français et Persan, le tribunal persan. Entre étrangers, le tribunal du consul du défendeur [14].
  - délits commis : Entre Français, le tribunal consulaire est compétent. Entre Français et Persan. — L'affaire est instruite par un magistrat persan, et l'inculpé renvoyé en France [15].
- Chine Japon Siam Mascate Madagascar
  - matières civiles : Entre Français, le tribunal consulaire est compétent [16] ; Entre étranger, le consul du défendeur ; Entre étrangers et orientaux, le consul et le juge oriental réunis.
  - délits commis : Entre Français. — Le tribunal consulaire est compétent.

Conflit des lois (NOTES).

1. Nous avons suivi au tableau l'opinion générale qui veut que les mots lois de police et de sûreté désignent les lois pénales. Cependant on peut présenter une triple objection : 1° L'art. 3 du code civil se trouve ainsi quelque peu en contradiction avec les art. 5, 6 et 7 du code d'instruction criminelle qui ne limitent pas le pouvoir des lois pénales au territoire ; 2° il est étrange que le législateur ait visé le droit pénal en faisant le code civil ; 3° comment le même article, apparemment destiné à dire quel était l'empire de la loi civile, parlerait-il à la fois des lois criminelles et civiles ?

2. Il est certain notamment que l'étranger est soumis aux impôts, aux réquisitions, etc., et généralement aux lois, décrets, règlements, circulaires, actes émanés des juridictions administratives quelconques, quelquefois même à un service de nuit. Sentence du juge de paix de Relizane (Algérie). *Journ. dr. int. pr.*, t. IX, p. 315.

3. C'est en ce sens que la Cour de cassation a pu dire qu'en prononçant la séparation de corps entre deux époux elle a *pourvu à la sûreté personnelle de l'époux le plus faible.* Cass., 27 novembre 1822, Dall. Alp. t. VI, p. 468. Voir également, pour la tutelle, Cass., 18 août 1847, Sir., 1847, I, 645.

4. C'est le sens que propose M. Demolombe, *op. cit.*, t. I, p. 85. Il n'est pas sans intérêt d'accepter cette interprétation ; on aurait dans notre article, le seul qui s'occupe du conflit des lois, la consécration que les lois d'ordre public sont supérieures aux lois étrangères. L'article 6, souvent cité, est en effet insuffisant ; il ne s'occupe que des conventions de particuliers, et non des lois étrangères contraires à l'ordre public.

5. * Arrêt de Cassation, 10 juillet 1874, Sir., 1875, 1, 136, et, sous l'arrêt, une note intéressante de M. Cauwès.

6. C'est là une exception qui dérive du droit international public. Elle a été prévue lors des travaux en préparation et est d'une application constante. Cass., 13 octobre 1865, Sir., 1866, 1, 33.

7. * Ainsi jugé : Cour d'Aix, 14 août 1829, Sir., 1830, 2, 190 ; Cour de Montpellier, 23 janvier, Sir., 1841, II, 193.

8. M. Demangeat, du statut personnel, *Revue pratique du droit français*, t. I, p. 66, a proposé une distinction : la loi française ne suivrait le Français à l'étranger que si ce dernier y résidait ; au cas où le Français transformerait sa résidence en domicile (comme il le peut, Cass., 1836, Sir., 37, I, 437), il cesserait d'être soumis à la loi française pour obéir à la loi étrangère. Cette distinction, qui est fondée sur un argument a contrario, n'a pas fait fortune, elle a contre elle la tradition qui complète l'article 3 et les articles 170 et 999 qui ne distinguent pas.

9. * Aubry et Rau, *op. cit.*, t. I, p. 89, § 31, note 2.

10. ** Voir le tableau : des modes de dissolution du mariage.

11. L'opinion contraire a été soutenue par Alauzet et Odier ; mais la jurisprudence tout entière, Cass., 17 juillet 1833, Sir., 1833, I, 663, Paris, 10 juillet 1880, *Journ. de Droit*, 8 août 1880, et toute la doctrine admettent l'opinion indiquée au tableau, comme reposant sur la tradition et le contexte de l'article 3.

12. L'étranger reste étranger malgré l'admission à domicile, et jusqu'à sa naturalisation. Le seul changement apporté à sa condition est qu'il n'y a plus à rechercher si le droit qu'il veut exercer est réservé aux seuls nationaux ou peut être communiqué à un étranger. Mais c'est à la loi étrangère, restée seule applicable, qu'il faut se reporter pour savoir s'il est capable de faire tel acte déterminé. Cour de Chambéry, 15 juin 1869, Sir., 1870, 2, 214. Cette proposition a été contestée par M. Demangeat, *op. cit.*, n°s 81 et 82.

13. Ce tempérament a été apporté par la jurisprudence. Cass., 16 janvier 1861 ; Sir., 1861, I, 305 ; trib. de la Seine, 2 juillet 1878, *journ. dr. int. pr.*, t. V, p. 502. Dans les termes généraux où elle est posée au texte, cette doctrine, qui a été également adoptée par Valette, *Sur Proudhon, état des personnes*, t. I, p. 85 et suiv. ; Demolombe, *op. cit.*, t. I, n° 98, se prête à de vives attaques et peut être condamnée ; Laurent, *op. cit.*, t. II, p. 82, n° 482. Peut-être convient-il de la restreindre au seul cas où le Français a été trompé par l'étranger (arg. de l'article 1310).

14. La proposition émise au texte a été soutenue par Merlin, *Répertoire*, verbo *main-morte*, § VII, n° 2, et consacrée par un arrêt de la cour de Belgique, 23 juillet 1847, Pas., 47, I, 392. Elle est vivement attaquée par M. Laurent, *op. cit.*, t. IV, p. 231, n° 119. La situation toute particulière de la Belgique explique cette dernière opinion. On peut cependant faire observer qu'on peut toujours porter une loi pour ne pas reconnaître les personnes civiles que l'Etat répute mauvaises pour lui ; c'est ce que la France a fait pendant longtemps pour les sociétés anonymes et à peu près à toutes les époques pour les congrégations religieuses. Cette mesure est alors comparable à l'expulsion des personnes physiques. Mais, en l'absence d'une pareille loi, on comprend peu que les personnes civiles ne puissent agir hors du territoire où elles sont nées et, si elles le peuvent, qu'elles ne soient pas soumises aux lois qui ont présidé à leur naissance et qui seules peuvent indiquer si elles sont valables ou nulles.

15. * Consulter Fenet, *Travaux préparatoires*, etc., t. VI, p. 15 et passim.

Conflit des lois.

is de
ice et
sûreté

Elles
com-
prennent

Les lois criminelles et de justice répressive ;
Les lois ou décrets administratifs [2] ;

Les lois
civiles
relatives

aux personnes [3] ;
à la propriété ;
à l'ordre public en général [4] ;
aux bonnes mœurs.

Elles
s'im-
posent

1° à tous

Français de naissance ou naturalisé ;

étrangers

de passage (transeuntes) ;
résidant ;
admis à domicile ;
sujets d'une nation en guerre avec la France [5] ;

2° habitant la France

Exception est faite en faveur des souve-rains, des ambassadeurs [6], mais non des consuls [7].

ois
biens

Ces lois
visent

L'article 3 évidemment incomplet se complète par la tradition ;
les immeubles dépendant d'une succession ;
les immeubles considérés individuellement ;

et non

les meubles dépendants d'une succession qui sont réputés suivre la loi de l'étranger ;
les meubles considérés individuellement.

Le développement complet se trouve tableau des biens.

Lois
glant
at des
sonnes

Français
à
l'étranger

La loi nationale régit les Français établis à l'étranger sans distin-guer s'ils sont résidents ou s'ils sont domiciliés [8] ;
La loi française les régit encore même lorsqu'ils ont obtenu une demi-naturalisation (bourgeoisie, denization, naturalisation de l'île Maurice) [9] ;
Elle ne cesse pas de s'appliquer aux Français naturalisés lorsque la naturalisation a été obtenue en vue de faire un acte contraire à la loi française (affaire de Bauffremont) [10].

étrangers
en
France

personnes
physiques

La loi française ne régit pas les étrangers habitant la France [11] ;
La loi française ne leur devient pas applicable par ce fait qu'ils ont un domicile de fait ou même qu'ils ont été admis à domicile [12] ;
L'application de la loi de l'étranger ne peut cepen-dant compromettre un intérêt français [13] ;

personnes
morales

Les personnes morales étrangères reconnues, sont régies en France non par la loi française, mais par la loi étrangère [14].

Lois
s actes
diques

Il était fait mention de ces lois dans le projet [15] ;

Elles visaient alors

la passation de l'acte ;

mais non

le fond même de l'acte ;
son exécution ;

Le développement complet se trouve en des tableaux suivants.

Généralités sur les biens (NOTES).

1. Toutes les questions relatives aux immeubles ont, à tort ou à raison, été considérées comme connexes dépendantes de la souveraineté du territoire dont les immeubles ne font qu'une partie. Voir Portalis, *Seco* *exposé des motifs du titre préliminaire*, nᵒˢ 14 et 15 ; Locré, T. I, p. 304.

2. * Ce point a été quelque peu controversé dans notre ancien droit ; cependant l'opinion de d'Argentré et réalistes, qui faisaient de la capacité spéciale un statut mixte ou réel, semble l'avoir emporté.

3. Dans l'ancienne théorie des statuts, le mobilier avait une situation, mais une situation fictive qui n'é autre que le lieu où l'on fixait le domicile du *de cujus*. Telle était l'opinion générale enseignée par Bouhier, *cit.*, chap. XXXI, nᵒ 172 et chap. XXV, nᵒˢ 2 et s. Au contraire, suivant d'Argentré, le statut des meubles é personnel et non réel.

4. ** Pour tout ce qui concerne l'universalité soit des meubles, soit des immeubles, se reporter au tableau *Successions*.

5. Comme limites au droit de propriété, on peut citer l'expropriation, les servitudes et les règlements ad nistratifs ; les démembrements sont : l'usufruit, l'usage, les servitudes et, suivant certains auteurs, le droit bail, l'emphytéose, l'hypothèque, l'antichrèse.

6. Notamment tout ce qui concerne la vente sur l'expropriation forcée. La justice n'intervient, en effet, pour surveiller la vente ou lever les difficultés, d'où il suit que, dans une vente qui ne présenterait aucune di culté, on ne pourrait arguer qu'il s'agit d'une matière judiciaire pour déterminer le statut.

7. * Les modes d'acquérir principaux sont la donation, la succession entre vifs et testamentaire, l'effet obligations, les adjudications sur saisie, etc.

8. ** Bertauld, *Questions pratiques et doctrinales de Code Napoléon*, T. I, p. 404.

9. Story, *op. cit.*, §§ 430, 431, 435 et suiv., 445.

10. Les dispositions auxquelles nous faisons allusion sont le § 32 de l'introduction générale au Code de Pru et le § 300 du Code civil d'Autriche.

11. Fœlix et Demolombe font reposer l'ancienne maxime *mobilia sequuntur personam* sur un rapport er les biens-meubles et leur propriétaire. Ils peuvent alors limiter cette fiction ou la méconnaître toutes les fois ce rapport est brisé ou n'est pas en jeu. Leur système est admis par Massé, *Droit commercial*, T. I, p. 555, Aubry et Rau, *op. cit.*, § 31, par Arntz, *op. cit.*, T. I, p. 67, par Brocher, *op. cit.*, T. I, p. 48 et 117. C aussi le système de la jurisprudence, Cass. civ., 22 mars 1865, Sir., 1865, 1, 175. — En sens contraire, Ba *op. cit.*, p. 110 à 134.

12. On peut citer comme conséquence de l'organisation sociale et économique quant aux meubles l'acces (art. 565 et 577), l'effet des obligations (art. 1138), les conséquences de l'article 2279 du Code civil, le droi gage, l'hypothèque maritime (loi du 10 décembre 1874), l'exécution forcée, etc. Cour de Paris, 13 novembre 1 Sir., 1883, 2, 53 ; Cass. civ., arrêt Craven, 19 mars 1872, Dalloz, 1874, 1, 465 ; Cour de Rouen, 22 juillet 1 Dall., 1873, 2, 180.

13. Cette question est encore des plus controversées ; on peut citer comme partisans de la loi du pav MM. Labbé, en son annotation sous l'arrêt de la Cour de Caen, 12 juillet 1870, Sir., 1871, 2, 57 ; Lyon-Caen son annotation de l'arrêt de cassation du 25 novembre 1879, Sir., 1880, 1, 256, Clunet ; *Belgique judicia* 1880, p. 145. En sens contraire, M. Laurent, *op. cit.*, T. VII, p. 449 et s., un arrêt de la Cour de Bruxelles 27 décembre 1879, *Belgique judiciaire*, 1880, p. 131, et plusieurs arrêts des Cours françaises. Mais, par d arrêts récents et célèbres dans l'affaire Barbaressos contre Nicolaïdès, Cass., 25 novembre 1879, Sir., 1880 256, arrêt sur renvoi, Grenoble, 11 mai 1881, *Journ. dr. int. pr.*, T. VIII, p. 428, la solution contraire a admise. De même en Angleterre, article de M. Alexander, *Journ. dr. int. pr.*, T. X, p. 144.

14. * Consulter sur ce point le § 28 de l'introduction du Code général de Prusse, le § 300 du code civil d'Au triche, le Code bavarois, part. I, chap. II, § 17.

15. * Savigny, *op. cit.*, § 366 ; Wæchter, *op. cit.*, T. XXIV, p. 292-298, T. XXV, p. 199-200, 383-38

16. * Wharton, *op. cit.*, § 297 et 305-311, et *Sonthern Law Review*, T. VII.

17. * Westlake, *Rev. dr. int. privé*, T. XIV, p. 287, et *Private international Law*, § 140-142.

Généralités sur les biens.

Théorie ancienne

Immeubles

La loi réelle était applicable aux immeubles déterminés et aux universalités d'immeubles *succession* [1] ;

La loi réelle déterminait non seulement les modes d'acquérir mais la capacité à l'effet d'acquérir [2].

Meubles

Les meubles pris comme universalité *succession* étaient régis par la loi du domicile de leur propriétaire [3] ;

L'ancien droit ne paraît pas s'être prononcé sur le statut régissant un meuble pris isolément.

Division des choses

L'ancien droit n'avait pas déterminé le statut applicable à la division des biens en meubles et immeubles.

Théorie nouvelle des statuts

La théorie nouvelle [4] ne date sur certains points que des dernières années ;

Immeubles

France

LOI RÉELLE. — Elle règle tout ce qui concerne l'organisation sociale et économique de la propriété immobilière, et notamment ses limites, ses démembrements, ses charges [5] ;

Elle règle tout ce qui touche à l'acquisition soit forcée [6], soit volontaire de ces droits surtout à l'égard des tiers [7] ;

LOI PERSONNELLE. — Elle règle la capacité à l'effet d'acquérir les immeubles au moins individuellement [8].

Droits étrangers

analogues | Italie, art. 7, code civil de 1865.

différents

anglo-américain : La loi réelle règle tout, même la capacité à l'effet d'acquérir [9].

Allemagne : Les textes donnent tout à la loi réelle; en doctrine l'on se rapproche du système français [10].

Meubles

France

LOI PERSONNELLE. — Elle règle la capacité nécessaire pour l'acquisition d'un bien meuble quelconque.

Elle règle l'acquisition d'un bien considéré comme faisant partie d'une universalité de biens *succession* [11].

LOI RÉELLE. — Elle règle tout ce qui concerne l'organisation sociale et économique des biens meubles [12].

LOI DU PAVILLON. — Elle règle tout ce qui concerne la transmission des navires ou les droits dont ils peuvent être affectés, *hypothèques* [13].

Droits étrangers

Les textes des droits étrangers sont muets ou ne distinguent pas [14] ;

Les distinctions admises par la France semblent devoir être admises par la jurisprudence et la doctrine telle que l'enseignent en Allemagne Savigny et Wæchter [15], en Amérique Wharton [16], en Angleterre Westlake [17].

Division des biens

La solution s'induit de ce qui précède ; la loi réelle qui s'applique aux immeubles et aux meubles considérés individuellement règle la division des biens en meubles et immeubles.

Actes juridiques. — Capacité (Notes).

1. La raison donnée au texte n'est autre que la raison donnée par d'Argentré pour justifier le statut réel ; on peut s'étonner que l'argument soit emprunté à d'Argentré, qui faisait régir l'état et la capacité par la loi du domicile. Mais il ne faut pas perdre de vue que d'Argentré parlait du **domicile d'origine**, et ce dernier ne se distingue pas de la nationalité. Pour soutenir que la loi du domicile nouveau est la loi à suivre, on fait remarquer qu'il est à présumer qu'elle est la loi voulue par l'individu. C'est une soumission à la loi locale, dit Savigny ; c'est un **contrat social** avec les habitants du lieu, disait Garat ; on devient **quavis civis**, écrivait Balde.

2. La loi nationale est la plus stable, bien qu'aujourd'hui on puisse la déplacer rapidement. On peut toutefois remarquer que le stage préalable à toute naturalisation, qui est commun à presque toutes les législations, empêchera toujours des changements brusques analogues aux changements de domicile.

3. On a objecté que si l'on pouvait hésiter à déterminer le domicile d'un individu, s'il était même parfois embarrassant de dire si une personne avait un ou plusieurs domiciles et dans ce cas lequel était préférable, il en était de même des nationalités et qu'il n'était pas rare de voir un individu ayant perdu sa nationalité ou ayant plusieurs nationalités. En faisant ce reproche, on ne s'aperçoit pas qu'il s'attaque non au principe de la nationalité, mais à la variété des règles sur ce point, variété qui tend de jour en jour à disparaître. Du reste, il faut reconnaître que le domicile étant une question de fait, il y a une certaine incertitude pendant tout le temps qui est nécessaire pour l'acquisition du domicile. Au contraire, la nationalité est toujours établie d'une façon plus certaine parce que, outre les immatriculations au consulat qui deviennent de plus en plus nombreuses, la nationalité s'acquiert par un fait positif et toujours constaté par l'État qui naturalise.

4. Sauf dans les États qui ont une codification générale récente, on trouve d'ordinaire deux législations superposées et distinctes. A l'intérieur de l'État, il existe des législations locales et multiples qui sont les législations de provinces ou d'États disparus par leur fusion dans l'État actuel. Au-dessus, il existe une loi générale et ayant effet même hors du territoire pour son application. Si l'on s'attache en droit international privé au domicile, il faut tenir compte des législations locales, et l'on en rend l'étude fort difficile ; si, au contraire, on s'attache à la loi nationale, on ne se trouve plus en présence que des lois générales moins nombreuses et dont l'étude est plus facile.

5. Dans notre ancien droit, la capacité spéciale n'était pas régie par la loi personnelle ; on en trouve encore des traces chez certains auteurs qui font régir par la loi réelle la capacité relative aux immeubles.

6. Les formes habilitantes ne sont des formes qu'en apparence. Au fond, elles ont pour but de parfaire une capacité incomplète.

7. * La loi nationale ne peut évidemment régir la nationalité. Du reste, cette matière est régie pour partie par le droit international public.

8. ** Telle est par exemple chez certaines nations l'incapacité pour les nobles ou pour les membres de famille princière de souscrire des lettres de change. Cass., 12 juin 1815.

9. * On peut hésiter à comprendre la Hollande parmi les peuples qui ont une législation analogue à la nôtre. Nous le faisons cependant sur l'affirmation de M. Asser, *op. cit.*, n° 28, note 4, p. 57.

10. Nous avons compris ce pays dans cette classe ; et cependant plus tard nous aurons l'occasion de prouver que sur bien des points la jurisprudence anglaise a modifié ce principe. M. Westlake est favorable à la loi nationale.

11. * La Russie doit être rangée dans cette classe d'après Fœlix. Il convient cependant de remarquer que des jurisconsultes russes faisant partie de l'Institut, interrogés sur ce point, ont contredit Fœlix ; mais ils n'ont donné à l'appui de leur assertion aucune preuve, aussi nous avons suivi la doctrine traditionnelle.

12. Au point de vue doctrinal, l'Allemagne est divisée. Bar, *Encyclopédie de Holtzendorff*, p. 686-687, Mommsen, *Archiv. für civ. Praxis*, t. LXI, p. 252, et Heffter, admettent la loi nationale. Déjà la nationalité a été consacrée comme loi réglant la capacité en matière de lettres de change, § 84. On espère qu'il en sera de même dans le nouveau code civil allemand.

13. En Autriche, l'étranger paraît être régi par la loi du domicile, et l'Autrichien à l'étranger par la loi nationale. L'Autriche a la même législation que l'Allemagne pour les lettres de change.

14. * Voir la loi danoise, § 84.

15. * Cette résolution n'aurait, d'après M. Asser, *op. cit.*, p. 52, n° 20, note 4, qu'une autorité très faible, la majorité n'ayant été que de quelques voix, et l'absence des partisans de la loi du domicile ayant facilité le déplacement.

Actes juridiques. — Capacité.

Actes [ju]ridiques

L'acte juridique est complexe et présente à étudier quatre questions.

questions
- capacité des contractants ;
- forme des conventions ;
- convention elle-même ou le fond ;
- l'exécution de la convention.

Pour la solution de chacune de ces questions il y a généralement deux ou trois lois en concours.

Etat et [c]apacité des [pe]rsonnes

France

Ils sont régis par la loi nationale

En droit : L'article 3 du code civil le dit formellement pour les nationaux et implicitement pour les étrangers, l'ordre public réservé.

En raison :
- La loi nationale est préférable à la loi du domicile, car elle tient compte des circonstances de climat et autres qui influent sur l'individu [1] ;
- Elle lui est préférable par sa plus grande stabilité [2] et aussi par sa plus grande certitude [3] ;
- Les lois nationales sont en moins grand nombre que les lois du domicile [4].

Empire de la loi

elle régit :
- la capacité générale.
- la capacité spéciale [5].
- les formes habilitantes [6].
- l'état général.
- l'état spécial.

elle ne régit pas :
- la nationalité [7].
- les incapaciés spéciales à des castes en classes [8].

Droits étrangers

analogues : Italie ; Belgique ; Pologne ; Cantons de Berne, Fribourg, Uri, Génève ; Grand-duché de Bade ; Hollande [9].

différents : Angleterre [10] ; Etats-Unis ; Russie [11] ; République Argentine. En ces pays les lois anciennes admettent la loi du domicile, mais les lois récentes admettent la nationalité.

hésitants : Allemagne [12] ; Autriche [13] ; Hongrie ; Etats scandinaves [14].

[T]endance [e]n cette [m]atière

RÉSOLUTION DE L'INSTITUT NATIONAL A GENÈVE EN 1874 [15].

L'état et la capacité d'une personne sont régis par les lois de l'Etat auquel elle appartient par sa nationalité.

Lorsqu'une personne n'a pas de nationalité connue, son état et sa capacité sont régis par la loi de son domicile,

Dans les Etats où différentes lois civiles coexistent dans un même Etat, les questions relatives à l'état et à la capacité des personnes seront décidées selon le droit intérieur de l'Etat auquel il appartient.

Actes juridiques. — Statut des formes (NOTES).

1. Ce motif était le seul qui fût invoqué autrefois, alors que la maxime ne s'appliquait qu'aux actes authentiques ; il reste encore vrai pour cette classe d'actes au moins toutes les fois que l'authenticité suppose le concours d'officiers publics.

2. Lorsqu'il s'agit d'actes sous seing privé, on pourrait admettre à la rigueur que l'on ne suivît [pas la loi étrangère, en d'autres termes, il n'y a pas nécessité ; mais si l'on remarque que la plupart des actes sont rédigés par les hommes d'affaires qui se conforment aux lois de leur pays, on comprendra que le national éprouve une difficulté réelle à employer d'autres formes.

3. ** C'est la raison préconisée par Voet, *De statutis*, IX, 2, 9, p. 267, par Story, *Conflict of laws*, § 261, p. 299, 7e édition. La soumission ne se comprend qu'autant que l'on connaît parfaitement la loi à laquelle on se soumet et ne se présume pas.

4. * Ces formalités habilitantes sont régies par le statut qui règle l'état et la capacité.

5. Ces formalités ne sont, à proprement parler, que la manière de constater comment s'opère la circulation des biens ; à ce titre, elles sont régies comme cette circulation elle-même par la loi de l'État où se trouve les biens.

6. ** En principe, on énonce d'une façon générale que la maxime ne s'applique qu'aux actes écrits, et c'est pour cela que nous l'avons ainsi déclaré au texte ; cependant, lorsque l'on s'occupe des preuves non préconstituées, on suit encore la maxime, mais alors sans le dire.

7. La question n'est pas controversée en principe, si ce n'est pour le testament dont l'authenticité peut être établie sans concours d'officiers publics. Cependant une jurisprudence constante a validé un testament anglais fait avant le statut de 1837 devant quatre témoins, Cass., 6 février 1843, Dall., *Répert.*, T. XVI, p. 980 ; un testament fait à la Louisiane devant cinq témoins, Cass., 3 juillet 1854, D., 1854, 1, 313 ; un testament fait à Jérusalem suivant la forme juive, Cass., 9 août 1858, Sir., 1858, 1, 396. Il y a naturellement exception pour le contrat d'hypothèque (art. 2128).

8. Pour la donation, une difficulté se présente. La solennité est sans doute une question de forme, mais aussi une question de fond qui assure la liberté du donateur. Aussi l'on comprend que certains auteurs, Laurent, *op. cit.*, T. II, p. 240 à 243, T. VI, p. 392 à 398 ; Demangeat, *op. cit.*, p. 341 à 343 et certains Codes (art. 18 du titre préliminaire du Code du Chili) exigent que la solennité nationale soit au moins remplacée par la solennité correspondante de la loi locale. Cette équipollence n'est pas exigée par la jurisprudence française, Cass., 11 juillet 1855, Sir., 1855, 699 ; Cass., 24 décembre 1868, Sir., 1868, 1, 134, Paris, 11 mai 1816, et 13 nov. 1828, Sir., chr.

9. Une hésitation peut naître pour le testament à raison de la faculté que l'article 999 donne au Français à l'étranger de faire son testament en la forme olographe ; mais cette faculté peut lui être inutile s'il ne sait ou ne peut écrire. Du reste, la jurisprudence ne distingue pas, Cass., 30 novembre 1831, Sir., 1832, 1, 32. Le Code hollandais (art. 992) défend le testament non authentique à ses sujets testant à l'étranger.

10. Cass., 18 avril 1865, Sir., 65, 1, 317.

11. * Jurisprudence constante. Cass., 12 juin 1855, Sir., 1856, I, 20, Cass., 24 décembre 1867, Sir., 1868, 1, 134 et contrat passé après la célébration du mariage, Cass., 11 juillet 1855, Sir., 1855, J, 699.

12. Telles sont les réglementations de l'article 1325 pour les conventions synallagmatiques, de l'article 1326 pour les actes unilatéraux, de l'article 1338 pour les actes récognitifs, Cass., 18 août 1874. C'est ainsi qu'il a été jugé que la lettre de change, sans indication de la remise de place en place, était valable si telle était la législation locale. Paris, 7 févr. 1839, Dall., *Répert.*, v° Lettre de change, n° 892. Qu'un endossement pouvait être irrégulier et valoir d'après la loi locale, Cass., 18 août 1856, Sir., 1857, 1, 586, Trib. civil d'Anvers, 7 févr. 1874, *Jurisp. d'Anvers*, 1874, I, 54.

13. On fait observer contre ce système (M. Lainé) que l'article 999 permettant au Français de tester dans la forme française, il semble juste et par analogie de permettre à l'étranger d'agir de même en France, que la loi locale n'est pas principale, mais supplétive de la loi nationale à laquelle il faut revenir toutes les fois qu'il y a possibilité. Le second argument n'est pas encore admis, et le premier est réfuté par une interprétation qui veut voir dans l'art. 999 une question de capacité régie par la loi nationale (Bouhier) et non une exception au principe *locus regit actum*. La jurisprudence est du reste constante.

14. Dans ce cas, aux termes de l'article 9 du titre préliminaire, les parties peuvent suivre leur loi nationale.

15. ** Code prussien, § 115.

Actes juridiques. — Statut des formes.

Généralités

Le statut des formes était régi autrefois par la maxime **Locus regit actum** ;
Il l'est encore par la même maxime, mais aujourd'hui cette maxime se justifie par des motifs différents et a d'autres explications.

Cette maxime

a pour base
- la nécessité où se trouve le national à l'étranger, de se conformer aux lois du pays [1];
- la difficulté qu'il peut rencontrer à contracter en une autre forme [2];
- et non la soumission à la loi locale [3].

s'applique
- aux actes authentiques, sous-seings-privés;
- mais non
  - aux formalités habilitantes [4];
  - aux formalités à l'égard des tiers [5];
  - aux actes non écrits [6].

France

Substitution de la forme locale

publique à la forme nationale
- publique — Elle est permise sans distinguer si la forme publique étrangère entraîne ou non la présence d'officiers spéciaux [7];
- non publique — même solution.

non publique à la forme nationale
- publique —
  - DONATION. — Valable d'après la jurisprudence, sans distinguer si dans le lieu on pouvait user ou non de la forme publique [8];
  - TESTAMENT. — Valable d'après la jurisprudence ;
  - L'article 999 donne une faculté et n'entraîne pas une obligation [9];
  - CONTRAT DE MARIAGE PERSONNEL. — Valable d'après la jurisprudence [10];
  - CONTRAT DE MARIAGE PÉCUNIAIRE. — Valable d'après la jurisprudence [11];
- non publique — Valable sans distinguer si la loi française exigeait ou non des formes réglementaires [12].

Substitution de la forme nationale

publique à la forme locale
- publique — Non valable, vu l'incapacité des officiers publics étrangers d'instrumenter conformément à la loi française.
- non publique — Même solution.

non publique à la forme locale
- publique — D'après la jurisprudence, la maxime est obligatoire et l'acte contraire nul [13].
- non publique — Même solution.

Droits étrangers

La maxime est impérative
- Italie — sauf le cas où les parties sont de même nationalité [14];
- Allemagne — Il y a exception pour la propriété, l'usufruit, la possession des immeubles, régie par la loi *rei sitæ* [15]; La doctrine est divisée.
- Etats-Unis Angleterre — La maxime s'applique d'une façon fort large et comme conséquence de la réalité.

facultative — L'Allemagne (nouvelle loi sur le change, § 85, al. 3), la Suisse (art. 823), les Etats scandinaves (loi sur le change, art. 84).

Actes juridiques. — Loi des obligations (NOTES).

1. La théorie est exposée tout au long par Fœlix, *op. cit.*, T. 1, p. 204. Les parties sont présumées se soumettre à la loi du lieu où l'obligation se forme, sauf les exceptions énumérées. C'est encore la théorie suivie par la jurisprudence française, Rej., 13 fructidor an IX, et dans la célèbre affaire Jullien contre la Compagnie péninsulaire et orientale. Cass. civ., 23 février 1864, Sir., 1864, 1, 385. Notez cependant que cet arrêt a été rendu après partage.

2. Telle est la théorie de l'Ecole vers laquelle incline la jurisprudence même dans l'arrêt cité plus haut qui statue et en tenant compte de l'ancienne théorie et en supposant que telle est la volonté des parties. Il semble même à première vue qu'il n'y a pas de différence entre les deux théories; elle est grande cependant. Si la maxime *locus regit actum* n'est plus appliquée que comme présomption de la volonté des parties, elle devient sans influence s'il est prouvé qu'elle ne correspond pas à leur volonté ainsi que cela sera indiqué dans les notes suivantes.

3. Le mot autonomie, d'après Savigny, *op. cit.*, T. VIII, p. 131, § 309, indique le privilège appartenant à la noblesse ou à des corporations de régler elles-mêmes leurs rapports particuliers et intérieurs par une espèce de législation domestique. Dans notre matière, il reproduirait, en droit international privé, la maxime que notre droit positif français a posé dans l'article 1134. « Les conventions légalement formées tiennent lieu de loi à ceux qui les ont faites. » Ce principe est accepté par Boullenois, *op. cit.*, T. II, observ. 46; Bar, *op. cit.*, § 81; Savigny, *op. cit.*, T. VIII, § 374; Fiore, *op. cit.*, p. 271-277; Wharton, *op. cit.*, 399, 418, 431, 439; Westlake, *op. cit.*, § 200.

4. C'est ainsi qu'une obligation ayant pour but de faire la contrebande sera réputée valable partout ailleurs que dans l'Etat visé, Cass., 25 août 1853, Sir., 1853, 1, 673. De même l'assurance destinée à garantir un tel commerce, Cass., 25 mars 1835, Sir., 1835, 1. 804, Cour d'Aix, 30 août 1833, Sir., 1834, 2, 161. De même la souscription à une loterie étrangère dont l'exécution ne serait pas poursuivie en France. Une police d'assurance comprenant divers intérêts ou divers objets assurés, ne serait valable chez nous que dans la mesure où il y aurait une perte pour l'assuré, Cour de Rennes, 7 décembre 1849, Sir., 1851, II, 101, ou cesserait de l'être pour le fret non acquis. Cour de Rennes, 4 décembre 1862, Sir., 1863, 2, 178.

5. C'est ce qui pourrait résulter d'une déclaration expresse ou même de ce fait que les parties de même civilisation, bien que de nationalités différentes, un Français et un Anglais par exemple, contractent en un pays dont la législation est contraire à leurs lois, à leurs idées, à leur religion, tels que la Turquie, la Chine, le Japon, etc.

6. La loi nationale qui régit déjà la capacité des parties et facultativement la forme de l'acte ne saurait être écartée sauf stipulation contraire lorsqu'il s'agit de décider la loi qui régit les conventions.

7. Sur ce point, Dumoulin dit crûment que cela n'est pas vrai. D'ailleurs, cette présomption du droit international privé ne va pas sans quelque difficulté si l'on suppose que les parties ont contracté par exemple en mer, en une île déserte ou même habitée, mais dénuée de législation. Dans ce cas, la législation du lieu n'existant pas, il faut dire avec Grotius, *De jure belli*, lib. II, cap. XI, § 5, que ces contrats sont régis par le droit naturel, TALIA ENIM PACTA JURE SOLO NATURÆ REGUNTUR, ou que les parties, ayant chacune une loi différente, la loi du débiteur est seule applicable, faute par le créancier qui, somme toute, est le maître du contrat, de n'avoir pas stipulé à quelle loi on doit se référer.

8. Consulter sur ce point Laurent, *op. cit.*, T. VII, p. 534 et s.

9. La doctrine est partagée. En sens contraire au texte, Savigny, *op. cit.*, T. VII, p. 232; Lyon-Caen, *Droit commercial*, p. 340 et s., Aubry et Rau, *op. cit.*, T. IV, § 343, Cour de Pau, 16 juillet 1852, D., 1852, 2, 205. En sens conforme, Laurent, *op. cit.*, T. VII, n° 445, et T. II, n° 247, Massé, *Droit commercial*, T. 1, n° 578, D., 1867, 2, 193, et le curieux arrêt du 6 août 1867, S., 1867, 1, 400. Voir également Cour d'Aix, 11 mai 1872, *Journ. de Marseille*, 1873, 1, 66.

10. ** Consulter sur ce point Fiore, *op. cit.*, p. 402.

11. Consulter sur ce point Savigny, *op. cit.*, T. VIII, § 370.

12. Consulter sur ce point Bar, *op. cit.*, § 66, p. 234.

13. « La jurisprudence anglaise ne se prononce d'une façon absolue ni pour la *lex loci contractus celebrati*, « ni pour la *lex loci solutionis*. Elle s'attache à reconnaître quel pays, tout mûrement pesé, doit être tenu pour « le vrai siège de l'affaire dont il s'agit. » Westlake, *Private international law*, §§ 200 et suivants.

Actes juridiques. — Loi des obligations.

Remarques générales

- **Lois possibles**
  - Loi du lieu du contrat.
  - Loi du débiteur.
  - Loi de l'exécution.

- **Théorie ancienne**
  - La théorie traditionnelle exposée par Fœlix et admettant comme loi du contrat, en règle générale, la loi du lieu où les parties rédigent leur acte et exceptionnellement des lois parmi lesquelles on place la loi indiquée par les parties ou qui leur est commune, n'existe plus [1].
  - Elle est remplacée par une théorie, qui fait de la loi voulue par les parties, la règle principale comportant des règles subsidiaires, parmi lesquelles la loi du lieu où l'acte a été rédigé [2].

France

- **Règle**
  - Les parties contractantes ont la liberté absolue, dite autonomie [3], de faire telle convention qu'il leur plaît, sauf l'ordre public [4];
  - Elles peuvent déclarer la loi positive à laquelle elles se réfèrent pour l'interprétation de leur contrat;
  - Elles peuvent aussi déclarer ne se référer à aucune loi ou qu'elles excluent la législation du lieu où elles contractent [5].

- **Présomption de volonté des parties**
  - *de même nationalité* : Les parties contractantes sont réputées se soumettre à leur loi commune [6].
  - *de nationalité différente* :
    - **Présentes** : Elles sont présumées se soumettre à la loi positive du lieu où elles rédigent l'écrit [7], où elles échangent leur consentement. (Laurent) [8].
    - **Absentes** : Même règle, mais le lieu est déterminé par des présomptions de lieux et non de volontés.
      - 1° — Contrat par correspondance. — Le lieu est présumé être celui d'où l'offre est partie, et où l'acceptation est revenue [9];
      - 2° — Contrat par mandataire. — Le mandant est réputé contracté au lieu où se trouve son mandataire;
      - 3° — Contrat par intermédiaire non mandataire. — Il est, pour la détermination du lieu, assimilé au contrat par correspondance.

Droits étrangers

- **analogues** | Belgique, Suisse.
- **différents**
  - Italie | *Lex contractus celebrati* [10].
  - Allemagne | Les opinions sont partagées entre *la lex contractus celebrati* [11] et *la lex debitoris* [12].
  - Angleterre, États-Unis | La jurisprudence oscille entre *la lex contractus celebrati* et *la lex loci solutionis* [13].

Actes juridiques. — Depuis leur formation (NOTES).

1. Bien que cette théorie ait surtout été exposée par Fœlix, *op. cit.*, T. I, p. 228 et s., l'idée première revient à Merlin, qui écrivait : « On convient généralement que, tandis que les *effets* proprement dits d'un contrat « sont toujours régis par la loi du temps où les parties se sont engagées, leurs *suites* sont invariablement sou « mises à la loi du temps où elles ont lieu. » Merlin, *Répertoire*, vº *Effet rétroactif*, sec. 3, § 3, art. 6. Il con vient de remarquer que Merlin parlait ici de la loi **quant au temps.** Fœlix a étendu cette théorie à l'empire de la loi **quant au lieu.**

2. Cette théorie a été successivement acceptée par Rocco, *Delle leggi delle due Sicilie*, livre III, chap. VII et IX ; par Esperson, *Il principio di nazionalità*, p. 146, nº 39 ; Lomonaco, *Diritto civile internazionale* nº 159 et suiv. ; Bar, *Das internationale Privatrecht*, p. 231 ; Massé, *Droit commercial*, T. I, p. 498, nºs 598 599. C'est aussi la doctrine jusqu'ici suivie en France, mais il convient d'ajouter que la plupart des auteurs, d'accord sur le principe, ne sont plus d'accord lorsqu'il s'agit de dire si telle conséquence d'un contrat en est un effet ou une suite.

3. ** La résiliation pour cause de lésion a donné lieu notamment à d'assez grosses difficultés. Pour les uns Rocco, Merlin, Fœlix, c'est là un effet du contrat, pour Blondeau c'est une suite, pour d'autres enfin c'est une question de validité de l'engagement, et la loi personnelle du débiteur est seule applicable.

4. * Cette nouvelle théorie est soutenue par MM. Asser, *op. cit.*, p. 79, nº 37, Laurent, *op. cit.*, t. VII, pr 550 et s., Laîné, *à son cours.*

5. * Telles seraient les conséquences suivantes : les bénéfices de division, de discussion, de cession d'action en matière de cautionnement, la nature de l'obligation (civile ou commerciale), la garantie dans la vente, la remise d'arrhes, les dommages-intérêts au cas d'inexécution des obligations, sur la limite des intérêts légaux, l'anato cisme, la solidarité, les modes de dissolution ou de résolution dérivant des contrats, dans la vente le réméré, la lésion, l'inexécution des conditions, dans la société la mort d'un associé, etc., dans le cautionnement le défaut de cession d'actions (art. 2037).

6. * Tels seraient notamment les actes suivants : la confirmation d'un acte annulable, le cautionnement ou le gage fourni à l'occasion d'une obligation antérieurement formée, la transaction survenue les difficultés auxquelles le contrat peut donner lieu.

7. * C'est ce qui aurait lieu pour les formalités ou les frais de la délivrance, les offres et consignations, le mode et la validité des paiements, les modes de libération reconnus dans le lieu où le paiement doit avoir lieu.

8. La jurisprudence a admis ce dernier système par l'arrêt du 13 mars 1868, Sir., 1869, I, 49. Fœlix cite également, *op. cit.*, T. I, p. 220, de nombreuses autorités et trois arrêts de la Cour de Cologne en date des 7 janvier 1836, 4 avril 1839, 14 décembre 1840, et un arrêt de la Cour de cassation de Berlin en date du 8 octobre 1838, rapporté *Archives*, etc., t. XXX, part. I, p. 135 et s., Junge, haute Cour des Pays-Bas, arrêt du 2 avril 1874, *Journ. dr. int. pr.*, T. I, p. 141-145, et Cour de Besançon, 11 janvier 1883, Dal., 1883, 2, 211.

9. * Ce système a été soutenu par Pothier, *Prescript.*, nº 251 ; il semble être aujourd'hui complètement rejeté.

10. ** Troplong, *Prescription*, t. I, nº 38 ; Massé, *Droit commercial*, 3e édition, t. I, p. 494 ; Lehr, *Revue de dr. int. pr.*, 1882, p. 516 à 579.

11. Ce système peut se justifier par deux raisons : « 1º Un Etat, souverain chez lui, a le droit de déterminer « les règles à suivre dans le cours de la justice, et la *lex fori* d'un autre pays ne peut s'appliquer aux matières « qui doivent être naturellement décidées par la *lex fori* de l'Etat où la contestation s'élève. » Wheaton, *Journ. dr. int. pr.*, T. III, p. 129. On peut encore soutenir, toute question de souveraineté mise à part, que la prescription est un moyen de procédure et, à ce titre, doit être régie par la *lex fori*, Labbé, sous l'arrêt de Cassation du 13 mars 1868, Merlin, *Jurispr. univ.*, liv. III, ch. II, § 34, et presque tous les jurisconsultes allemands.

12. Cette opinion est défendue par MM. Laîné, *à son cours* ; Laurent, *op. cit.*, t. VIII, p. 360, nº 254 ; Ballot, Vatimesnil, Plocque, Demangeat en une consultation insérée *Revue pratique de droit*, T. VIII, p. 333. On peut également citer en faveur de cette opinion un arrêt de Douai, 16 août 1834, *Gaz. des trib.*, 18 et 19 même mois, arrêt de Paris, 7 février 1893 et 18 janvier 1840, *Gaz. des trib.*, 12 février 1839 et 26 janvier 1840, arrêt d'Alger, 18 août 1848, Sir., 1849, 2, 264.

13. A défaut d'indication, et par analogie de l'article 1247, la loi du payement sera réputée être la loi du débiteur, arrêt de Besançon, 11 janvier 1883, Dal., 1883, 2, 211.

Actes juridiques. — Depuis leur formation.

Effets des obligations

Théorie ancienne

Cette théorie, produite et développée par Fœlix [1], distingue entre **les effets et les suites**; les premiers sont prévus lors du contrat, les seconds ne le sont pas [2].

Exemples de cette distinction

Effets
- délivrance de la chose vendue;
- paiement du prix;
- garantie de l'éviction;
- résiliation ou résolution [3];
- intérêts, solidarité.

Suites
- dommages-intérêts pour dol, fraude;
- restitution en entier;
- confirmation ou ratification;
- demeure, modes d'exécution.

Les effets sont régis par **la loi du contrat**;
Les suites par **la loi du paiement**.

Théorie nouvelle

Elle se compose de trois règles bien distinctes.

Première règle — Toutes les conséquences, *éloignées ou non, mais qui sont un développement naturel de l'obligation*, sont régies par **la loi même du contrat** [5];

Deuxième règle — Toute convention *nouvelle* venant s'ajouter, se greffer sur la convention primitive, est régie par **sa loi spéciale** [6];

Troisième règle — Tout ce qui concerne le paiement et *qui ne dépend pas de la convention primitive*, est régi par la **loi du paiement** [7].

Modes principaux d'extinction

Prescription

Système de la jurisprudence — La jurisprudence, après de nombreuses hésitations, semble devoir admettre que la prescription est régie par la loi du domicile du débiteur [8].

autres systèmes
- **premier** — La prescription est régie par la loi du domicile du créancier [9];
- **deuxième** — La prescription est régie par la loi du lieu du paiement [10];
- **troisième** — La prescription est régie par la loi de la juridiction saisie [11];
- **quatrième** — La prescription est régie par la loi du contrat [12].

Paiement

Deux lois régissent le paiement :
La loi **du lieu du paiement** régit tout ce qui concerne *les formes de libération* [13];
La loi **de l'obligation** régit tout ce qui, dans le paiement, *est sous la dépendance de la convention*.

Loi de l'obligation
- Divisibilité ou indivisibilité du paiement;
- Paiement par subrogation;

Loi du paiement
- Monnaie en cours dans le pays;
- Echéance, jours de grâce;
- Offres réelles et consignations.

De la filiation (NOTES).

1. Cette solution était uniformément reçue dans notre ancien droit, d'Argentré, *Brit. Comm.*, art. 218, glose 6, nᵒˢ 3, 4, 7, p. 676 et 677 ; Boullenois, *op. cit.*, T. I, ch. ii, obs. 4, T. I, p. 62 ; Bouhier, *op. cit.*, ch. xxiv, nᵒ 122, T. I, p. 481.

2. Cette proposition, déjà soutenue par M. Brocher, *op. cit.*, T. I, p. 307, a été reprise et discutée par M. Duguit, Du conflit des lois en matière de filiation, *Journ. dr. int. pr.*, T. XII, p. 333 et s.

3. Haute Cour, division de chancellerie, 23 juillet 1883, *Journ. dr. int. pr.*, T. XII, p. 102.

4. Même dans ce système, il faut, pour déterminer la nationalité primitive de l'enfant, qui parfois ne peut être perdue par le seul fait de la naturalisation du père, se reporter à la loi de ce dernier lors de la conception.

5. Ainsi le Français ne pourrait à l'étranger désavouer son enfant à raison de son impuissance, parce que la loi française ne le permet pas ; et, en France, l'étranger ne le pourrait pas davantage, parce que, si sa loi nationale le lui permet, l'ordre public français s'y oppose.

6. ** Pour l'Autriche, consulter l'arrêt du 2 mars 1871, *Journ. dr. int. pr.*, T. IV, p. 69.

7. ** Voir, pour l'Italie, l'arrêt rapporté dans Sirey, 1882, 4ᵉ partie, p. 26.

8. En Angleterre, la législation semble changer et fixer comme en France, voir art. de M. Alexander, *Journ. dr. int. pr.*, T. VIII, p. 501.

9. Cette question peut présenter un véritable intérêt lorsque l'enfant et le parent n'ont pas la même nationalité. Sans que la jurisprudence se prononce formellement, elle semble admettre qu'il faut suivre la loi du parent *Journ. dr. int. pr.*, T. IV, p. 39.

10. Ainsi, un Russe, qui, d'après son droit national, ne pouvait reconnaître un enfant naturel, a pu, après s'être fait naturaliser Français et en vertu de sa nouvelle loi nationale, la loi française, faire sa reconnaissance, Trib. civ., Seine, 30 mai 1879, *Journ. dr. int. pr.*, T. VI, p. 391.

11. Indépendamment des pays qui ont adopté le droit français et n'admettent pas la recherche de la paternité naturelle, on peut citer la Russie, l'Angleterre. Les pays suivants admettent, au contraire, cette recherche : Autriche (décision de la Cour suprême, *Journ. dr. int. pr.*, T. V, p. 383), Bavière, Chili (art. 280), États scandinaves (arr. de la Cour suprême, 25 nov. 1862, *Journ. dr. int. pr.*, T. X, p. 646), Prusse, Saxe, Vaud.

12. En France, la recherche de la paternité est considérée comme d'ordre public. Un arrêt de la Cour de Bastia l'a considéré comme tel dans une espèce favorable ; il s'agissait d'une recherche de paternité à la suite d'un mariage déclaré nul, Sir., 1834, 2, 342. Cette doctrine a été également posée accessoirement dans l'arrêt de la Cour de Paris du 2 août 1866, Sir., 1866, II, 342.

13. C'est ainsi qu'en certain pays la paternité est recherchée indirectement sous la forme d'une demande d'aliments. Les preuves employées sont généralement le serment déféré au père présumé ou l'aveu tacite résultant de ce qu'il ne comparaît pas.

14. Cette doctrine a été posée directement dans l'arrêt déjà cité à la note 12, 2 août 1866, Sir., 1866, II, 342.

15. Telle est en substance la doctrine émise par la Cour de Paris, 17 janvier 1872, Sir., 1872, 2, 233. Cet arrêt soulève d'autres questions, notamment sur l'exécution en France des jugements rendus à l'étranger et modifiant l'état des personnes.

16. Consulter, sur ce point, Esperson, Du droit international privé dans la législation italienne, *Journ. dr. int. pr.*, T. VII, p. 340 et s.

17. C'est ainsi que, dans l'affaire Anderson c. Atkinson, on n'a pas admis la reconnaissance faite en vertu des lois du gouvernement pontifical. Haute Cour, div. de la chancellerie, 20 févr. 1882, *Journ. dr. int. pr.*, T. X, p. 184.

18. L'un de ces effets peut être de faire perdre la nationalité française, Tribunal d'Albertville, 15 mars 1879, *Journ. dr. int. pr.*, T. VI, p. 393.

19. Ce point est rapporté accessoirement dans l'article déjà cité de M. Alexander, *Journ. dr. int. pr.*, T. VIII, p. 145.

De la filiation.

Filiation légitime

Conditions

- *France* :
  La filiation se détermine par la loi nationale du père lors de la conception[1].
  Cette même loi règle les présomptions qui sont des conditions et non des preuves juridiques[2].

- *Droits étrangers* :
  - analogues | Angleterre[3];
  - différents { Suisse : les changements de nationalité du père influent sur la nationalité de l'enfant[4].

Recherche et désaveu

- *France* :
  On applique sur tous ces points la loi nationale du père lors de la conception si elle n'est pas contraire à l'ordre public[5].

- *Droits étrangers* :
  - analogues { Autriche[6]; Italie[7].
  - différents { Etats-Unis, on applique la *lex fori*. Angleterre, l'ancien droit semblable à celui des Etats-Unis semble fléchir[8].

Filiation naturelle

Recherche et reconnaissance

- *France* :
  On applique en toute cette matière la loi nationale du parent[9], au moment de l'acte intervenu[10], pour interdire ce qu'elle interdit, permettre ce qu'elle permet[11].
  L'ordre public français peut mettre ici obstacle soit aux recherches elles-mêmes directes[12] ou indirectes, soit, lorsqu'elles sont permises, aux preuves employées[13].
  Des recherches non permises en France ou admises par des preuves qui n'y sont pas reconnues sont valables en France si elles ont été jugées telles à l'étranger[14].

- *Droits étrangers* :
  - analogues | Belgique, Italie[15], Hollande;
  - différents { Angleterre ne reconnaît la reconnaissance ou la recherche faite en pays étranger[16].

Effets

- *France* :
  On donne à la filiation naturelle établie à l'étranger les droits qui y sont attachés par la loi qui l'établit[17].

- *Droits étrangers* :
  - analogues | Belgique, Hollande, Italie.
  - différents { Angleterre. — Les effets d'une pareille filiation établie à l'étranger n'existent que par rapport aux meubles et non par rapport aux immeubles[18].

Filiation adultérine ou incestueuse

- *France* :
  En principe la loi nationale des parents est encore ici applicable.
  L'ordre public français s'oppose à une telle recherche en France.
  L'ordre public français empêche de tenir compte d'une pareille recherche accomplie à l'étranger.

- *Droits étrangers* :
  - analogues | Belgique, Hollande, Italie.
  - différents | Etats-Unis.

Légitimation, adoption, puissance paternelle (NOTES).

1. Telle fut la solution de notre ancien droit. Bouhier, *Observations sur la coutume de Bourgogne*, ch. XXIV, nᵒˢ 123 et 124. On appliquait le statut de la patrie du père F. T. de la Goistière, *Journal des principales audiences du parlement*, T. III, l. 2, c. 17, et aussi Caen, 18 février 1852, Sir., 1852, 2, 432, et Bordeaux, 27 avril 1877, Dall., 1878, 2, 193.

2. Ainsi un Français ne peut être légitimé en Russie par rescrit du prince, surtout s'il est adultérin. Paris, 11 février 1808, Dall., *Répert.*, verbo Droits civils, nᵒ 445, T. XVIII, p. 155.

3. Un arrêt de Besançon, 25 juillet 1876, Sir., 1877, 2, 249, veut que la légitimation soit régie par la loi du pays où elle est demandée, mais cela ne peut être vrai que pour les formes suivies ou pour le temps où elle est demandée, par exemple après le mariage. Cass. req., 20 janvier 1879, Sir., 1879, 1, 419.

4. Des arrêts ont cependant décidé le contraire. Cass., 22 novembre 1857, Sir., 1858, 1, 295, et arrêt de renvoi de Bourges, 26 mai 1858, Sir., 1858, 2, 532. En sens contraire, voyez les arrêts cités note 1 et un arrêt de Cass. req., 20 janv. 1879, Sir., 1879, 1, 419, qui admet la légitimation d'enfants reconnus après le mariage lorsqu'ainsi le veut la loi étrangère, dans l'espèce la loi espagnole. Au point de vue de la légitimation, dans certains Etats, on ne trouve que la légitimation par mariage subséquent, France et pays ayant la législation française ; en d'autres existe la légitimation par rescrit du prince, Hollande, Italie, Angleterre (dans ce dernier pays, voir pour le cas du bâtard aîné et du mulier puîné, Lehr., *Droit anglais*, p. 191).

5. ** Consulter sur ce point Pietro Esperson, *Journ. dr. int. pr.*, T. VIII, p. 245 et suiv. ; Rocco, *Diritto civile internazionale*, ch. XXIII et 19 pars prima.

6. Sur ce point consulter Savigny, *op. cit.*, T. VIII, § 380.

7. On a souvent, en cette matière, cité comme contraire à la proposition énoncée au tableau, l'arrêt de la Chambre des lords, Birthwhistle c/ Vardill, 1840. Mais comme l'a fait observer le juge James dans l'affaire Goodman's trust, 14, Chancery Division, p. 619 ; 17, p. 266, 13 avril 1881, deux questions graves étaient soumises à la chambre des lords : la première était, le demandeur devait-il, sous tous les rapports, être considéré comme légitime ? Elle fut décidée affirmativement par les lords sans difficulté ; la seconde, le demandeur, même légitimé, est-il habile à succéder à la propriété immobilière en Angleterre ? elle seule prêta à discussion. Alexander, *Journ. dr. int. pr.*, T. VIII, p. 501 et suiv. A tous les autres points de vue, on admet l'application du statut personnel. Westlake, *op. cit.*, §§ 50, 51, et *Journ. dr. int. pr.*, T. XII, p. 102.

8. * Voyez l'affaire Branicki. Trib. civ. de la Seine, 30 mai 1869, *Journ. dr. int. pr.*, T. V, p. 391.

9. ** Sur ce point consulter l'arrêt Birthwhistle c/ Vardill et ce qui est dit note 7.

10. Cass., 5 août 1823, Sir., 1823, 1, 353 ; 7 juin 1826, Sir., 1826, 1, 230. Il a même été décidé qu'un oncle français ne pouvait adopter son neveu belge et non admis à domicile en France. 4 août 1883, *Journ. dr. int. pr.*, T. XI, p. 179.

11. C'est ce qui a été jugé dans la célèbre affaire Ali contre Bétoland. Paris, 30 avril 1881, *Journ. dr. int. pr.*, T. IX, p. 187.

12. Consulter sur ce point Fiore, *Diritto internazionale privato*, p. 220, nᵒ 152.

13. Consulter sur ce point l'arrêt de Cassation, 10 novembre 1869, Dall., 1870, 1, 213.

14. Consulter sur ce point l'arrêt de Cassation belge du 11 novembre 1875. *Journ. dr. int. pr.*, T. III, p. 468.

15. Telle fut l'opinion soutenue dans notre ancien droit par d'Argentré, Froland, Boullenois ; mais déjà le contraire était soutenu par Bretonnier *sur Henrys*, T. II, l. 4, quest. 13, et par Bouhier, *op. cit.*, ch. XXIV, nᵒˢ 37 et suiv. L'usufruit légal droit accessoire, disait ce dernier, a le même statut que le droit principal, la puissance paternelle.

16. ** Arr. Cass., 14 mars 1877, Ben Chimol c. Cohen, *Journ. dr. int. pr.*, T. V, p. 167.

17. * Laurent, *op. cit.*, T. VI, p. 167 ; Rocco, *op. cit.*, p. 416 et s.

18. * Story, *Conflict. of laws*, p. 577, §§ 463 et 463 a.

Légitimation, adoption, puissance paternelle.

Légitimation

Conditions

France
Dans notre ancien droit on suivait déjà le statut personnel [1].
Le Français ne peut légitimer ou être légitimé à l'étranger que suivant les conditions prévues par la loi française [2].
Il doit suivre les formes usitées dans le pays où la légitimation a lieu [3].
L'étranger ne peut légitimer ou être légitimé en France que si la loi nationale le permet [4].
Il doit suivre les formes françaises.

Droits étrangers
analogues | Italie [5], Allemagne [6], Angleterre [7].
différents | Etats-Unis.

Effets

France
L'enfant français légitimé acquiert les droits d'un enfant légitime;
L'enfant étranger n'acquiert que les droits qui lui sont dévolus par sa loi nationale.

Droits étrangers
analogues | Belgique, Hollande;
différents { Angleterre, la légitimation est sans effet quant aux immeubles [9].

Adoption

Conditions

France
Le Français peut adopter ou être adopté à l'étranger conformément à la loi française;
L'étranger ne peut adopter ou être adopté que si sa loi nationale le lui permet.
Il doit avoir obtenu l'autorisation d'établir son domicile en France [10], fût-ce par décret présidentiel [11].

Droits étrangers
analogues | Belgique, Hollande, Luxembourg;
différents { Italie, l'ordre public s'oppose à l'adoption de l'enfant naturel [12].

Effets

France
Le Français adopté a les droits d'un enfant légitime [13].
L'étranger adopté a les droits que lui reconnaît sa loi nationale.

Droits étrangers
analogues | Belgique [14];
différents | Etats-Unis.

Puissance paternelle

Droits sur la personne
Dans toutes les législations les effets de la puissance paternelle sur la personne des enfants sont régis par le statut personnel. — Ces droits sont organisés différemment suivant les pays.

Droits sur les biens

France
Historique { La majorité des auteurs professaient que ce droit dépendait du statut réel [15];
Droit actuel { La puissance légale des parents sur les biens des enfants est régie par la loi personnelle [16].

Droits étrangers
analogues | Belgique, Italie [17];
différents | Etats-Unis, Angleterre [18].

Célébration du mariage (Notes).

1. Les décrets du concile de Trente ont formé dans l'ancien droit le droit commun de l'Europe en matière de mariage, soit comme règles canoniques, soit comme lois positives, lorsqu'ils y avaient pris place. C'est ainsi que les curés célébraient en France les mariages non en vertu des décrets du concile, mais en vertu de l'ordonnance de 1579.

2. Au point de vue des formes, les nations se subdivisent en cinq groupes : 1er *groupe*, France, Allemagne, Belgique, Hollande, Italie, Suisse, **le mariage civil est solennel et obligatoire** ; le mariage religieux peut le suivre (France), ou le précéder (Italie) ; 2e *groupe*, Danemark, Roumanie, **le mariage religieux est seul obligatoire** ; 3e *groupe*, Angleterre, Espagne, Portugal, **le mariage civil ou religieux est obligatoire** ; 4e *groupe*, Autriche, **il y a obligation soit du mariage civil, soit du mariage religieux**, suivant **les cas** ; 5e *groupe*, Ecosse, Etats-Unis, **le mariage est un contrat consensuel**.

3. Autrefois les Français ne pouvaient se marier à l'étranger sans l'autorisation du roi. *Code matrimonial*, T. I, p. 136 à 139.

4. Les consuls français ne sont compétents qu'autant que les deux époux sont français. Cass., 10 août 1819, *arrêt Summaripa*. Dall., *Rép.*, verbo Acte de l'état civil. Leur compétence vient des articles 48 du code civil et 14, 15, 16, 17 de l'ordonnance de 1833.

5. C'est ici l'application la plus complète de la maxime *locus regit actum*, les mariages contractés à l'étranger sont valables même lorsqu'ils sont passés en la forme sous-seing-privé, encore que les époux aient pu trouver dans le lieu une forme authentique correspondante.

6. Ainsi la preuve d'un mariage entre juifs peut être administrée par la représentation de l'acte dit *Kroubé*, même s'il est écrit sur une feuille volante, pourvu qu'il fût signé du chantre et d'un autre assistant. Trib. civ. Seine, 14 mars 1879, *Journ. dr. int. pr.*, T. VI, p. 547.

7. Les consuls étrangers doivent pouvoir célébrer les mariages de leurs nationaux par réciprocité de la compétence que nous reconnaissons à nos consuls.

8. * Malgré deux lettres du ministre de la justice, en date du 16 mai 1810 et du 13 octobre 1815, un mariage célébré devant un prêtre n'est pas valable. Cour de Paris, 18 décembre 1837, Dall., *Rép.*, verbo Mariage, n° 195, 1°.

9. * En Amérique on n'exige pas toujours l'application de la loi locale ; ainsi des Indiens se marient conformément à leurs coutumes, sans se préoccuper du droit local. *Journ. dr. int. pr.*, T. III, p. 207. Même les Américains peuvent se marier conformément au droit commun, fût-il en contradiction avec le droit local. Cour suprême des Etats-Unis. *Journ. dr. int. pr.*, T. V, p. 541.

10. * Jurisprudence constante, Cass., 25 février 1839, Sir., 1839, 1, 387 ; Cass., 20 novembre 1866, Sir., 1866, 1, 142. Dans la doctrine, deux autres systèmes sont en présence.

11. ** Cour de Paris, chambres réunies, 20 mai 1880, *Journ. dr. int. pr.*, T. VII, p. 300.

12. ** Ainsi un religieux espagnol, auquel sa loi nationale défend le mariage, ne peut se marier en France.

13. A la suite de mariages déclarés nuls, parce que l'un des époux était issu des royaumes de Bavière ou de Wurtemberg, où l'on ne permet pas aux sujets de se marier à l'étranger sans autorisation, une circulaire du garde des sceaux (4 mai 1831) exigeait de tout étranger un certificat délivré par l'autorité de son pays. Ce système impraticable fut remplacé par l'exigence d'un acte de notoriété (lettre du procureur du roi, 7 juillet 1835), exigence vivement critiquée par Fœlix. Aujourd'hui on admet que l'étranger n'a aucune justification à faire (lettre du procureur-général de Nancy, 10 avril 1876).

14. Il y a quelque difficulté pour savoir quel est en cette matière l'ordre public. S'il y a certitude pour la polygamie, pour l'inceste à un degré rapproché, cela est déjà plus douteux pour les mariages entre beaux-frères et belles-sœurs, malgré les lettres du procureur-général d'Amiens en date du 18 juillet 1877.

15. ** Il y a controverse pour concilier sur ce point les articles 102 et 103 du code civil.

16. * Arrêt de la cour suprême de Trieste. *Journ. dr. int. pr.*, T. IV, p. 72.

17. C'est en vertu de cette législation que des Anglais franchissaient la frontière écossaise et au premier village de Gretna-Green contractaient mariage devant un seul témoin (ordinairement le forgeron), remplissant ainsi les conditions voulues par la loi écossaise. Depuis 1876, il faut de plus une résidence de vingt et un jours en Ecosse. Ce point ne paraît pas tout à fait exact maintenant pour l'Angleterre. *Journ. dr. int. pr.*, T. IV, p. 443.

Célébration du mariage.

Célébration du mariage

Observations générales

Presque partout l'autorité intervient lors du mariage qui par ce fait devient un contrat solennel ;

Déjà avant le concile de Trente (1563) et surtout depuis, cette autorité fut l'autorité religieuse[1] ;

Depuis 1789 l'autorité qui intervient de plus en plus est l'autorité civile.

Les législations, s'inspirant de ces diverses idées, ne présentent aucune uniformité sur la matière[2].

France

Le national peut aujourd'hui se marier à l'étranger sans autorisation du chef de l'Etat[3].

célébration à l'étranger entre

Français et étrangers : Le mariage est célébré dans les formes ou contracté suivant les usages locaux[4] ;

entre Français : Ils peuvent choisir entre les formes locales et les formes nationales du consulat[5] ; La loi locale régit également la preuve[6].

célébration en France entre

Français et étrangers : Le mariage doit être célébré suivant les formes françaises.

étrangers : Ils peuvent se servir soit des formes françaises ou des formes nationales en se présentant devant leurs consuls[7] ; Ils ne pourraient se marier devant un prêtre[8].

Droits étrangers

Les règles ci-dessus, basées sur la maxime *locus regit actum*, sont admises en tous les pays.

On y trouve quelques dérogations seulement en Amérique[9].

Conditions de fond

France

Français à l'étranger

L'omission en France des publications prescrites par l'art. 170 n'entraîne la nullité que s'il y a eu clandestinité volontaire[10] ;

La capacité pour contracter mariage doit être appréciée par la loi nationale du futur époux sans s'inquiéter si le mariage a entraîné un changement de nationalité[11] ;

La nullité ne peut être prononcée que s'il y a eu violation d'un empêchement dirimant.

Etrangers en France

L'étranger se mariant en France est régi par sa loi nationale[12] ;

Il n'a pas à justifier de sa capacité[13] ;

L'ordre public peut mettre obstacle à la célébration du mariage[14].

Droits étrangers

analogues

L'Italie exige aussi des publications[15] ;

Allemagne, Autriche[16] ;

différents

Etats-Unis, Angleterre[17] : Les conditions de fond sont régies par la loi locale.

Dissolution du mariage (Notes).

1. Indépendamment de la mort naturelle ou de la mort civile que conserve encore la Hollande, les nations peuvent, au point de vue du divorce et de la séparation, se diviser en trois groupes. Premier groupe, **divorce**, race latine : Roumanie ; race germanique : Suisse, Empire d'Allemagne, Suède, Norwège, Danemark ; race slave : Russie, Monténégro, Serbie. Deuxième groupe, **divorce et séparation de corps**, race latine : Belgique, France (loi des 27-29 juillet 1884) ; race germanique : Angleterre, Hollande, Autriche-Hongrie ; race slave : Pologne russe. Troisième groupe, **séparation de corps**, race latine : Italie, Espagne, Portugal.

2. C'est ainsi que le divorce prononcé entre Français par un jugement américain ne fut pas reconnu en France capable d'emporter le divorce ou la séparation. Trib. civ. de Seine, 7 février 1882, *Journ. dr. int. pr.*, t. IX, p. 88, de même Trib. civ. Seine, 24 avr. 1883, *Journ. dr. int. pr.*, T. X, p. 160.

3. En fait, on trouve peu de décisions sur ce point, les tribunaux français se déclarant généralement incompétents pour connaître de procès entre étrangers, Arr. Cass., 1806.

4. Cette solution est relativement récente et date de l'arrêt de Cassation, 28 février 1866 (Dupin), D., 1860, I, 59, et Cass., 15 juillet 1878, *Journ. dr. int. pr.*, T. V, p. 499. On a même admis qu'il pouvait se remarier dans la ville où habitait sa première femme, Cour d'Amiens, 15 avril 1880, *Journ. dr. int. pr.*, T. VII, p. 298. Il semble être aujourd'hui le système suivi en Italie, Fiore, *op. cit.*, p. 312 et s.

5. La loi de 1884, qui a rétabli le divorce en France, est loin d'avoir terminé les difficultés que présente cette matière ; il y a, en effet, presque autant de différence entre le divorce par consentement mutuel, non admis en France, et le divorce pour causes déterminées, admis à l'étranger. Il est donc intéressant de mentionner les législations sur ce point. Premier groupe, **divorce seulement pour causes déterminées**, race germanique : Suisse, Bavière, Brunswick, Francfort, Hambourg, Hanovre, Saxe, Wurtemberg, Angleterre ; race slave : Russie, Serbie, Monténégro ; race latine : France. Deuxième groupe, **divorce par consentement mutuel** (existât-il en même temps pour causes déterminées), race germanique : Bade, Danemark, Hollande, Norwège, Prusse ; race latine : Roumanie, Belgique.

6. C'est ainsi que l'on ne pourrait prononcer en France le divorce pour une cause admise en Angleterre et repoussée en France, l'impuissance.

7. En Autriche, il existe une certaine complication parce que l'on distingue entre Autrichiens de religion différente. Voir sur ce point une étude sur le divorce en Autriche de M. Lyon-Caen, *Bulletin de la Société de législation comparée*, janvier 1882, p. 64.

8. Voir sur ce point une véritable discussion à la Cour des Lords, *Journ. dr. int. pr.*, T. XI, p. 193.

9. Le système était jusqu'en ces dernières années celui de l'Angleterre, affaire Lolley. Il est vivement soutenu par M. Asser, *op. cit.*, p. 147 et s. Les raisons qu'il donne ne semblent pas convaincantes. Dire que le juge du *for* ne peut être contraint de prononcer ce qui est contraire à l'ordre public est vrai, mais seulement s'il est prouvé que l'ordre public est intéressé. Comment, du reste, admettre que des époux aient le droit de choisir le tribunal disposé à recevoir leur demande, et de laisser ainsi de côté le statut personnel qui règle les questions d'Etat ?

10. * Ce système est suivi également dans l'Etat de Massachusett (Etats-Unis).

11. Ainsi on ne saurait admettre qu'un israélite ottoman et les quatre femmes légitimes auxquelles il a droit se fassent naturaliser en France et restent légalement mariés.

12. Voyez affaire Vidal, Cour de Paris, 30 juin 1877, *Journ. dr. int. pr.*, T. V, p. 268.

13. C'est ainsi qu'il a été décidé qu'un Français, séparé de corps, puis naturalisé italien, pouvait, usant de la loi de 1884, demander la conversion de sa séparation en divorce ; il était resté français pour sa femme et relativement à son mariage, Trib. civ. Seine, 7 janv. 1885, *Journ. dr. int. pr.*, T. XII, p. 177.

14. Ce cas est tout différent des cas prévus à la note 12 et à la note suivante. La naturalisation n'avait pas été obtenue par les deux époux (arrêt Vidal) ni par un époux qui ne pouvait l'obtenir qu'avec l'autorisation de l'autre, Mme de Beauffremont, mais par le mari seul ; la naturalisation était valable, le divorce ne le fut pas. Trib. civ. de la Seine, 28 août 1878, *Journ. dr. int. pr.*, T. V, p. 602.

15. Les questions soulevées par le procès Beauffremont sont les questions résolues soit au texte, soit aux notes précédentes, et, de plus, la question de savoir si une femme peut se faire naturaliser sans autorisation maritale.

16. ** Voir décision du tribunal fédéral, 4 avril 1879, *Journ. dr. int. pr.*, T. VII, p. 403.

17. ** Consulter l'arrêt de la Cour suprême, 17 janvier 1871, *Journ. dr. int. pr.*, T. IV, p. 77.

18. ** Pasicrisie, 1867, II, 87 ; 1878, II, 114.

Dissolution du mariage.

Les modes de dissolution
- varient avec les diverses législations [1];
- peuvent dépendre
  - De la loi des parties au moment du mariage si elles n'ont pas changé depuis la célébration;
  - D'une loi nouvelle si les époux ou l'un d'eux a changé de nationalité, de domicile ou de religion.

Les époux n'ont pas changé

France

Historique
- Le divorce admis pendant peu de temps après la révolution avait été supprimé par la loi de 1816;
- On n'admettait pas qu'un divorce fût prononcé entre Français par un juge étranger [2];
- On se refusait à proclamer le divorce de deux étrangers conformément à leur loi nationale [3];
- On acceptait les divorces prononcés entre étrangers et on célébrait en France le mariage de l'un des divorcés [4].

Droit actuel
- Le divorce a été rétabli par la loi des 27-29 juillet 1884;
- **La loi nationale des époux est applicable**;
- Elle régit les modes de dissolution;
- Elle régit les causes de chacun des modes [5];
- L'ordre public doit être réservé [6];
- La jurisprudence française confond l'ordre public et l'intérêt français.

Droits étrangers

analogues
- On applique également pour prononcer le divorce la loi nationale des parties.
- Belgique, Suisse, Italie, Autriche;
- Angleterre qui jusqu'ici appliquait la loi territoriale [8].

différents
- Allemagne [9], États-Unis : Dans ces deux pays on applique la loi du juge saisi, lex *fori*.
- Écosse [10] : Le divorce est prononcé à titre de peine sans tenir compte de la loi nationale des parties.

Il y a eu changement pour

les deux époux — de nationalité, de domicile ou de religion;
- *bona fide*
  - Leur mariage est régi par la loi nouvelle;
  - L'ordre public est réservé [11];
- *mala fide* — La loi du mariage est maintenue [12].

un seul époux

France
- L'époux qui change de nationalité ne perd pas le droit de se prévaloir de la loi matrimoniale [13];
- L'époux qui peut se faire naturaliser par autorisation ne change pas la loi du mariage [14];
- A plus forte raison si l'époux qui a changé ne pouvait se faire naturaliser sans autorisation (femme séparée de corps, affaire de Beauffremont) [15].

Droits étrangers
- analogues
  - Suisse [16].
  - Autriche [17].
- différents — Belgique [18].

Conventions matrimoniales (Notes).

1. * Ce n'est là que l'application des principes généraux en matière d'obligations.

2. * Il n'y a pas à distinguer selon que le contrat contient ou ne contient pas des donations.

3. ** Jurisprudence constante, Cass., 12 juin 1855, Sir., 1856, 1, 20 ; Cass., 11 juillet 1855, Sir., 1855, 1, 699.

4. ** Cass. req., 24 décembre 1867, Sir., 1868, 1, 134. Il s'agissait dans cette espèce d'un contrat de mariage passé en Espagne, pays où il peut être rédigé après le mariage.

5. * Par application de cette idée qu'il y a là une convention, la Cour de cassation a décidé que des étrangers avaient le droit d'adopter le régime de la communauté quand même leur loi prohiberait ce régime.

6. L'ordre public en cette matière comprend évidemment tout ce qui est défendu par les articles 1388, 1389, 1390.

7. Certains auteurs admettent que les immeubles doivent être régis par l'article 3, Cass., Sir., 1825, 1, 117. Tel n'est pas l'avis de MM. Lainé, à son cours, et Demangeat, sur Fœlix, T. 1, p. 194 et 213.

8. D'après Philimore, on aurait toute liberté ; mais Westlake, Journ. dr. int. pr., T. VIII, p. 315, indique que les immeubles ne peuvent être soustraits à l'application de la loi locale.

9. D'après Fiore, op. cit., p. 501, on peut, en Italie, choisir entre le régime dotal et la communauté, même les combiner, mais on ne peut stipuler la communauté universelle.

10. Le raisonnement de Dumoulin était le suivant : les actes de l'homme, tels que les contrats de société, sont du statut personnel ; or, la communauté légale, surtout lorsqu'elle est expresse, n'est qu'une société comme une autre et non l'œuvre de la coutume ; à ce titre, elle est du statut personnel, opera omnia, T. II, nos 4 à 14, p. 964 à 965. Cette doctrine était également soutenue par Bouhier, Observations sur la coutume de Bourgogne, ch. XXVI, nos 175 et s. ; Pothier, Communauté, art. prél., nos 14 et s. ; Voet, op. cit., sect. 9. Elle fut également adoptée par la jurisprudence du Parlement et passa dans notre Code, où elle forme l'article 1387.

11. D'Argentré, Commentaire, p. 687 et 688, a soutenu cette proposition avec la plus grande âpreté ; pour décrier la doctrine de Dumoulin, il alla jusqu'à dire qu'en cette circonstance Dumoulin avait sacrifié les principes juridiques pour le besoin d'un procès qu'il soutenait (procès Jean de Pontilaust). Cette question des conventions matrimoniales devait, du reste, donner lieu à d'autres altercations. C'est à la suite d'un procès où les juges belges avaient adopté la doctrine de d'Argentré, que Stockmann s'écria qu'il était plus facile d'enlever à Hercule sa massue ou la foudre à Jupiter que de réformer un préjugé qui confond toute chose. Cette réponse lui attira une réplique de l'un des juges, Van der Muelen, qui, à cette occasion, écrivit l'opuscule intitulé : Decisio brabantina super famosissima quæstione. Le raisonnement produit par d'Argentré était un raisonnement par l'absurde, la communauté de biens devenant une société, la succession ab intestat devenant le testament présumé du de cujus, les statuts réels auraient disparu, ce qui eût été absurde.

12. La théorie actuelle, bien que voisine de celle de Dumoulin, ne la reproduit pas complètement ; sans doute on n'admet pas avec d'Argentré qu'il faille appliquer le statut réel, mais l'on n'admet pas davantage qu'il s'agisse d'un statut personnel ; ce n'est pas un statut, dit M. Laurent, op. cit., T. V, p. 198 et s., car le statut personnel ou réel s'impose : c'est une convention qui se trouve en dehors de la théorie des statuts.

13. Ce système, généralement suivi, est en contradiction avec le système suivi d'ordinaire lorsqu'il s'agit de déterminer quelle loi en général régit un contrat quelconque. On dit et l'on répète qu'il faut alors s'attacher à la loi du lieu où le contrat se forme, et l'on a quelque peu lieu de s'étonner qu'on s'écarte ensuite du principe général pour les conventions les plus usitées et les plus importantes, les conventions matrimoniales. La jurisprudence est d'ailleurs constante, Cass. civ., 4 mars 1857, 1, 108 ; Cour de Bordeaux. Journ. dr. int. pr., T. IV, p. 237 ; Trib. civ. Seine, 25 janvier 1882, Journ. dr. int. pr., T. IX, p. 74.

14. Les auteurs qui n'admettent pas la loi du domicile préconisent la loi nationale, notamment Asser, op. cit., p. 110. D'après M. Lainé, à son cours, la loi nationale ne peut être la loi du contrat qu'autant que les deux futurs époux sont de même nationalité ou que la femme se marie dans un pays où elle est étrangère. Que si elle se mariait dans le pays où elle est domiciliée depuis longtemps, il faudrait suivre la loi du domicile.

15. Savigny, op. cit., T. VIII, § 379. Cette théorie tient à ce que l'Allemagne est aujourd'hui dans la même situation où se trouvait l'ancienne France.

16. Sur ce point consultez Fiore, op. cit., nos 330, 331 et s.

17. Consultez Story, op. cit., nos 184 à 186 ; Westlake, Journ. dr. int. pr., T. VIII, p. 315.

Conventions matrimoniales.

Conventions expresses

Capacité : On apprécie la capacité en tenant compte de la loi personnelle de chacun des contractants [1].

Formes en France

Français à l'étranger :
- Ils doivent suivre les formes usitées dans le lieu où ils passent leurs conventions [2] ;
- Ils peuvent recourir seulement à la forme sous-seing-privé [3] ;
- Ils peuvent même les rédiger après la célébration du mariage [4].

Etrangers en France : Ils peuvent recourir soit aux formes françaises, soit à leurs formes nationales s'il n'est pas besoin d'un officier public français.

Conditions intrinsèques

France :
- Les futurs époux ont la liberté la plus complète pour le choix des conventions matrimoniales [5] ;
- Ils doivent cependant ne pas contrevenir à notre ordre public [6] ;
- Le contrat de mariage est réputé valable en tous lieux, même si l'on a stipulé la dotalité [7] ;
- Ces conventions doivent être interprétées d'après la loi du contrat.

Droits étrangers :
- analogues | Allemagne, Belgique ;
- différents :
  - Angleterre : la liberté n'existe pas quant aux immeubles [8] ;
  - Italie : les parties n'ont pas une liberté complète [9].

Conventions tacites

France

Historique :
- PREMIER SYSTÈME. — Le régime matrimonial est unique, il est le régime de droit commun du lieu que les parties sont réputées avoir choisi [10].
- DEUXIÈME SYSTÈME. — Le régime est multiple et différent selon les territoires dans lesquels les biens sont situés [11].

Droit actuel :
- Le régime matrimonial des personnes qui se marient sans contrat n'a pas ses effets limités à un pays [12].
- Ce régime n'est pas nécessairement la communauté légale ;
- On essaye de déterminer la volonté des parties en cherchant où elles ont voulu fixer leur domicile [13] ;
- A défaut, on applique soit la loi du lieu de la célébration, soit la loi nationale [14].

Droits étrangers

analogues :
- Allemagne : On applique la loi du domicile matrimonial [15] ;
- Italie : Les biens sont régis par la loi nationale du mari [16] ;

différents :
- Angleterre, Etats-Unis : Les biens des époux sont régis par les lois réelles des pays où ils sont situés.

Des successions (Notes).

1. * Ce principe était universellement admis dans l'ancienne théorie des statuts. D'Argentré dit que les enfants même n'en doutent plus et son rival Dumoulin ne l'a pas combattu sur ce point.

2. L'origine de cette règle paraît n'être autre qu'une exception apportée au droit d'aubaine au profit des marchands étrangers qui fréquentaient les foires de France. Mais elle se justifia plus tard par d'autres raisons; selon Dumoulin, Boullenois, Bouhier, les meubles ne sont jamais régis par la loi réelle et partout ils sont régis par la loi personnelle; selon d'Argentré les meubles sont bien régis par la loi réelle, mais par une fiction ils sont réputés se trouver au domicile du défunt et sont soumis à ce statut.

3. ** Cette jurisprudence n'a pas été sans influence sur la rédaction de presque toutes les conventions consulaires dans lesquelles on réserve aux consuls français le droit de s'occuper exclusivement de la succession mobilière d'un Français décédé, et par contre on accorde aux consuls étrangers le même droit lorsque des étrangers viennent à mourir en France. Voir aussi le traité conclu le 18 janvier 1883 entre la France et la Serbie, article 8. Remarquez que dans ce dernier traité la loi nationale remplace la loi du domicile.

4. *Quot sunt bona diversis territoriis obnoxia, totidem patrimonia intelliguntur.* Sur ce point consulter Portalis, *Second exposé des motifs;* Locré, *Lég.*, T. I, p. 581, n° 14-16. La jurisprudence qui s'est affirmée pour la première fois par l'arrêt de Cassation du 25 juillet 1811, Sir., 1811, 1, 301, est du reste aujourd'hui constante. . On a objecté à ce système que le patrimoine n'a pas d'assiette fixe; Aubry et Rau, à tort selon nous, répondent que l'on ne peut dans une transmission de patrimoine faire complètement abstraction des objets qui en dépendent, *op. cit.*, T. I, p. 100.

5. Cette jurisprudence a même inspiré nos traités; voir traité du 11 janvier 1787 avec la Russie, art. 16, et le traité du 18 janvier 1883 la avec Serbie, dont l'article 8 est ainsi conçu : « La succession aux biens immobiliers sera régie par les lois du pays dans lequel les immeubles seront situés et la connaissance de toute demande en contestation concernant les successions appartiendra exclusivement aux tribunaux de ce pays. »

6. Ce système dont on rapporte tout l'honneur à Savigny, en oubliant Cujas, consilia XXV, est aujourd'hui admis par la plupart de ceux qui ont écrit sur le droit international privé : Bertauld, *Questions pratiques*, T. I, n° 75, etc.; Laurent, *op. cit.*, T. VI, n° 128, etc.; Fiore, *op. cit.*, p. 582; Brocher, *op. cit.*, n° 75. Ce système tient seul compte de l'unité de volonté chez le *de cujus*, de l'unité du patrimoine à partager, de l'unité de la famille à laquelle il est dévolu, il supprime les embarras et les conflits que suscitent les dévolutions multiples d'une seule et même succession. Il n'a pas encore été admis par aucun tribunal, si ce n'est par le tribunal du Hâvre, 24 août 1872, *Journ. dr. int. pr.*, T. I, p. 182.

7. * Sauf bien entendu les traités tels que ceux du 15 août 1768 avec l'Espagne, du 11 décembre 1866 avec l'Autriche.

8. ** Toutefois un arrêt de Cassation du 27 juillet 1868, Sir., 1868, 1, 257, a fait application de la loi du 14 juillet 1819 à des Français entre lesquels la loi étrangère créait une inégalité. Cet arrêt est critiqué par M. Renault, *Journ. dr. int. pr.*, T. III, p. 20, etc.

9. C'est ce qui a été décidé notamment dans l'arrêt de rejet du 19 mars 1872, qui a terminé l'affaire dans laquelle M. l'avocat général Aubépin avait donné ses conclusions.

10. Dans ces traités signés avant ou depuis la loi du 14 juillet 1819, le prélèvement n'a été ni prévu, ni visé; il ne peut donc être dérogé aux droits que les étrangers ont acquis en vertu de ces traités. (Telle est également l'opinion de M. Renault, De la succession des étrangers en France et des Français à l'étranger, *Journ. dr. int. pr.*, T. III, p. 18 et s.

11. Le prélèvement a été établi en Belgique par la loi du 27 avril 1865, et en Hollande par la loi du 17 avril 1869.

12. * Cette doctrine a surtout été fixée par Savigny, *op. cit.*, T. VIII, p. 299, etc., 375, 376; Schæffner, *op. cit.*, § 130 ; Bar, *Encyclopédie*, p. 707.

13. ** Consulter l'article 8, Dispositions préliminaires du code civil de 1865.

Des successions.

Généralités

Deux théories dominent la matière.

- **Première théorie** : Dans cette théorie le lien qui unit le régime des successions à l'organisation de la propriété rattache les successions aux statuts réels [1].
- **Deuxième théorie** : La succession, une comme le patrimoine du *de cujus*, ne peut être régie que par une loi unique [2].

France

Division : Il y a lieu de distinguer la délation régulière de l'hérédité du cas où la présence d'un étranger parmi les cohéritiers rend applicable l'aticle 2 de la loi du 14 juillet 1819.

Délation régulière

La succession est dévolue suivant deux principes bien différents.

- **Système de la jurisprudence**
  - **Premier principe** : La succession mobilière forme un tout et est dévolue suivant une loi unique. On suit la loi du domicile du défunt [3].
  - **Deuxième principe** : La succession immobilière se scinde en autant de successions qu'il y a de territoires où sont situés les biens héréditaires [4]. Chacune de ces fractions héréditaires est régie par la loi territoriale [5].
- **Autre système** : La succession soit mobilière soit immobilière est régie par une loi unique [6]. Cette loi est la loi nationale du défunt.

Succession de l'étranger

- **Historique** :
  - Dans l'ancien droit l'étranger ne pouvait ni succéder, ni laisser de succession sauf exception.
  - Le Code civil lui a permis de laisser une succession sans lui permettre de succéder (art. 726) [7].
  - La loi de 1819 (art. 1) lui a permis de succéder.
- **Prélèvement** :
  - Dans son article 2 elle a organisé sous le nom de prélèvement des représailles pour le cas où le cohéritier français était désavantagé à l'étranger.
  - **Première condition** : Concours entre cohéritiers français et cohéritiers étrangers [8].
  - **Deuxième condition** : Il doit exister en France des meubles ou des immeubles pour l'exercice du prélèvement.
  - **Troisième condition** : Il doit y avoir conflit entre la loi française et la loi étrangère [9].
  - **Quatrième condition** : Aucun traité ne doit exister touchant la succession de l'étranger [10].
  - **Cinquième condition** : Les Français doivent être exclus pour partie ou pour le tout de la succession étrangère.

Droits étrangers

analogues

- **1re classe** — Angleterre, États-Unis : La succession est dévolue comme en France, mais il n'y a pas lieu au prélèvement.
- **2e classe** — Belgique, Hollande : Même dévolution qu'en France ; des lois récentes ont établi le prélèvement [11].

différents

- **Allemagne** : La doctrine presque tout entière se prononce pour l'unité de la dévolution de la succession sans distinguer sa nature. On suit la loi du domicile du défunt [12].
- **Italie** : La loi ne reconnait qu'une seule dévolution de la succession. On suit la loi nationale du défunt [13].

Des droits réels accessoires. — Hypothèques (Notes).

1. Ainsi, un Belge ne pourrait réclamer le privilège accordé par la loi belge du 16 décembre 1851 au donateur d'immeubles, l'hypothèque accordée par le testateur pour l'exécution du legs; à l'inverse, un Français ne pourrait réclamer en Belgique l'hypothèque légale consacrée par l'article 1017 ou l'hypothèque judiciaire. C'est un droit, en effet, pour chaque peuple, de se préoccuper des intérêts généraux de l'agriculture, des mœurs, du crédit et de régler chez lui les lois spéciales comme il l'entend.

2. Certains auteurs ont prétendu, notamment pour l'hypothèque légale de la femme mariée, que l'étranger n'avait pas besoin d'avoir une aptitude spéciale, que l'article 3, § 2, en admettant les étrangers aux lois régissant les immeubles en France, leur accordait par cela même les avantages de ces mêmes lois. Il a été répondu par la Cour de Cassation, 20 mai 1862, Sir. 1862, I, 673, que l'article 3 a pour but seulement d'empêcher toute influence des lois étrangères sur les immeubles composant le territoire français, et non d'accorder des droits à des étrangers.

3. La raison que l'on donne pour justifier les solutions relatives aux privilèges, aux hypothèques judiciaires ou conventionnelles, est que, pour les privilèges, ils sont attachés aux créances, indépendamment de la nationalité du créancier ; pour les hypothèques judiciaires, il faut assurer l'exécution du jugement, pour les hypothèques conventionnelles, la loi a donné aux étrangers la capacité de contracter.

4. Voir la procédure civile en tableaux synoptiques.

5. Voir tableau : exécution des jugements étrangers.

6. La raison est que l'aptitude des créanciers à succéder (loi de 1819) leur permet de profiter de cette hypothèque.

7. La jurisprudence française est formelle en ce sens, Cass., 20 mai 1862, Sir., 1862, I, 673 ; Cass., 4 mars 1884, Sir., 1884, I, 205. Les arguments sur lesquels elle s'appuie sont fort discutables. L'hypothèque légale a pour base la forme toute spéciale avec laquelle le législateur a cru devoir traiter certaines personnes physiques ou morales. L'hypothèque légale, non admise en toutes les législations, relève du droit civil et non du droit naturel. Admettre l'hypothèque de la femme mariée, ce serait admettre l'hypothèque des Etats sur les biens de leurs comptables.

8. Les traités existants sont le traité de 1760 avec la Sardaigne et étendu à l'Italie, il a fait l'objet d'une convention diplomatique en date du 11 septembre 1860. Voir l'étude de M. Le Bourdelès, *Journ. de dr. int. pr.*, tome IX, p. 389; et les traités des 30 mai 1827 et 3, et du 15 juin 1869, art. 6, trib. civ. de la Seine, 9 juillet 1878, *Journ. dr. int. priv.*, t. VI, p. 392.

9. Les hypothèques légales ne sont pas accordées en principe aux étrangers, mais, de l'avis de tous, les privilèges leur sont accordés. Or, j'ai bien vu que les auteurs se prononcent sur les hypothèques légales suivantes : de la femme mariée, du mineur, des personnes administratives du légataire ; mais je ne sache pas qu'ils se prononcent sur l'hypothèque légale de la masse en cas de faillite, sur l'hypothèque légale établie au profit d'un individu enfermé dans une maison d'aliénés, et je me demande ce qu'ils décideraient pour les privilèges dégénérés en hypothèque légale, art. 2143. Dira-t-on que ces privilèges, qui existaient au profit d'étrangers, vont cesser de leur appartenir parce qu'ils se sont transformés en hypothèques légales ?

10. Cette condition est généralement admise, Demangeat, *sur Fœlix*, t. I, p. 151; Valette, *op. cit.*, n° 139; Laurent, *op. cit.*, t. V, n° 396; Fiore, *op. cit.*, n°s 238 et suiv.

11. Voir Arrêt de Gand, 4 juin 1846, D. P., 1846, II, 213.

12. Ce point est incontesté, et c'est même pour pallier cette jurisprudence que la Cour de Cassation permet le nantissement indirect sans mise en possession sous la forme de vente fictive. Cass., 2 juillet 1856, Sir., 1857, I, 56.

13. C'est ce qui a été décidé par l'arrêt Craven contre Lethbridge, Cass., 12 mars 1872; Dalloz, 1874, I, 465; et en Belgique par l'arrêt du 27 décembre 1879, *Belgique judiciaire*, 1880, p. 131. Consultez sous cet arrêt consultations de M. Clunet et comparez M. Lyon-Caen, *Rev. de dr. int. priv.*, 1877, p. 482 et suiv.

14. Cette solution qui, pour la première fois, a été adoptée en France, Cass. civ., 25 nov. 1879, S., 1880, I, 257, et sous l'arrêt, note de M. Lyon-Caen, et arrêt sur renvoi de la Cour de Grenoble, 11 mai 1881, *Journ. dr. int. pr.*, t. VIII, p. 428, a été également consacrée en Angleterre, 26 mai 1882, ainsi que le rapporte M. Alexander, *Journ. de dr. int. pr.*, t. X, p. 141.

15. Cette solution a été admise sans discussion par les cours d'Aix, de Cassation, de Grenoble, dans l'affaire Barbaressos contre Nicolaïdès, rapportés note précédente.

Des droits réels accessoires. — Hypothèques.

Conditions établissements

France

Première condition
- La cause de préférence doit être reconnue par la loi du lieu où le bien est situé [1] ;
- Cette condition est commune à tous les cas ;
- Les étrangers doivent avoir l'aptitude d'exercer les causes de préférence reconnue par la loi de la situation [2] ;

Deuxième condition

ils l'ont pour
- les privilèges [3] { sur les immeubles comme sur meubles ; généraux ou spéciaux ;
- les hypothèques conventionnelles (l'article 2128 réservé) [4] ;
- les hypothèques judiciaires (l'article 2123 réservé) [5] ;
- l'hypothèque légale du légataire [6].

mais non pour
- l'hypothèque légale de la femme mariée [7] ;
- si elle n'a pas été admise à domicile ;
- si elle n'est pas sujette d'un pays ayant un traité avec la France [8] ;
- les autres hypothèques légales sauf celles du légataire [9].

Troisième condition
- La cause de préférence doit être reconnue par la loi étrangère [10] ;

elle l'est pour
- les privilèges { sur les immeubles comme sur les meubles ; généraux ou spéciaux ;
- les hypothèques conventionnelles ;

mais non pour
- les hypothèques judiciaires ;
- les hypothèques légales.

Droits étrangers

analogues | Belgique [11].
dissemblables | Italie.

L'Ecosse, l'Angleterre, la Hollande, l'Autriche, la Russie repoussent l'hypothèque légale de la femme.

De l'établissement à l'extinction

effets
- Les effets de ces causes et notamment le droit de préférence, de suite est régi par la loi du lieu de la situation ;
- Il en est de même de leur conservation.

extinction

par voie accessoire
- La cause de préférence s'éteint comme la convention ;
- Celle-ci s'éteint conformément à la loi présumée des parties ou à la loi de l'exécution.

par voie principale
- La cause de préférence s'éteint conformément à la loi de la situation.

Hypothèque maritime

Navires français
- La cause de préférence doit être reconnue par la loi du lieu où est situé le bien [12] ;

Navires étrangers
- Comme dessus [13] ;
- La conservation de cette cause est régie par la loi du pavillon [14] ;
- L'acte d'établissement de l'hypothèque doit être vérifié par la juridiction française [15].

Exécution des jugements rendus à l'étranger (Notes).

1. * L'ordonnance de Michel de Marillac, appelée par dérision code Michaud, bien que non enregistrée par tous les parlements, avait été reçue par tous quant à la disposition de l'article 121.

2. * La première partie était ainsi conçue : « Les jugements rendus, contrats ou obligations reçus ès royau « mes et souverainetés étrangères pour quelque cause que ce soit, n'auront aucune hypothèque ni exécution e « notre dit royaume. »

3. « Nonobstant les jugements, nos sujets contre lesquels ils auront été rendus pourront de nouveau débattr « leurs droits comme entiers par-devant nos officiers. »

4. Dans ce cas le juge devrait examiner la valeur du dispositif sous le double rapport de l'appréciation de faits et de l'application des règles de droit et de le réformer le cas échéant, Aubry et Rau, *op. cit.*, § 767 ter t. VIII, p. 417. Cette opinion a été acceptée par la cour de Cassation, 7 janvier 1806, Sir., 1806, 1, 129; 27 août 1813, Sir., 1813, 1, 226. Elle repose tout entière sur l'idée de l'abrogation partielle de l'ordonnance de 1629 par l'article 7 de la loi du 30 ventôse an XII.

5. L'abrogation complète de l'ordonnance admise par les arguments cités au texte, on fonde le système qu n'accorde pas aux jugements étrangers l'autorité de la chose jugée sur cette remarque que dans la plupart de Etats hors d'Europe la justice n'est pas organisée dans les conditions suffisantes d'impartialité et de savoir che les juges, comme il arrive notamment dans les pays à capitulations ou à traités. Dans ce système le jugemen étranger n'aurait aucune valeur, même si l'on n'en demandait pas l'exécution, par exemple à supposer qu'il soi opposé en une nouvelle instance pour arrêter la demande.

6. Dans ce système et indépendamment des arguments indiqués au tableau, on fait remarquer que la révi sion du fond ne serait autre que la confection d'un nouveau jugement ; or, aux termes de l'article 2123 c'est le **jugement étranger** qui est rendu exécutoire. L'objection tirée de ce que le tribunal **tout entier** et non le président seul doit donner l'exécutoire n'est pas sérieuse, si l'on observe que sans réviser le fond le tribunal a encore à examiner des questions délicates : la compétence du tribunal étranger, l'assignation régulière des parties, leur comparution ou leur défaillance, la mesure dans laquelle l'ordre public est intéressé, etc.

7. Le système, qui accepte tous les arguments sur lesquels s'établit le système précédent si ce n'est pour la révision au fond, s'appuie pour la soutenir sur la remarque qu'en l'absence de traités diplomatiques le tribunal doit réviser le fond, puisque sa tâche est réduite à l'examen de la forme lorsqu'il y a des traités. Ces traités sont le traité du 24 mars 1766, art. 22 avec la Sardaigne, complété par une déclaration échangée le 11 septembre 1880; le traité du 15 juin 1869 avec la Suisse ; le traité des 31 décembre 1786, 11 janvier 1787 avec la Russie; le traité du 16 avril 1846 avec le grand-duché de Bade.

8. Si nous avons bien compris le système de M. Lainé, le tribunal aurait *ab initio* seulement le droit d'accorder ou de refuser l'exequatur. L'exequatur refusée, le demandeur aurait à se pourvoir pour faire réviser le fond; dans cette nouvelle instance le tribunal aurait le droit de maintenir ou d'annuler le jugement, jamais de le réformer. Le jugement réformé il y aurait lieu de se pourvoir pour obtenir un nouveau jugement. En un mot, l'exequatur refusé, il y aurait lieu à un rescindant et à un rescisoire.

9. Le droit belge n'a été modifié que pour le cas de traité par l'article 10 du titre préliminaire du code de procédure civile. Voir article de M. Humblet, *Journ. dr. int. pr.*, t. IV, p. 336.

10. ** Article de M. Saripolos, *Journ. dr. int. privé*, t. VII, p. 368.

12. Ce point a été mis en lumière par les débats de la célèbre affaire Skandia.

13. En Angleterre, le shériff ne peut mettre à exécution au moins dans les affaires *in rem* que sur le vu d'un jugement anglais, d'où la nécessité d'un nouveau jugement. Cependant dans les derniers temps on n'a plus distingué entre les jugements *in rem* et les jugements *in personam*, aff. Smith c. Nicolas. Il reste alors à examiner si en la forme il y a un jugement. Pour faire décider le contraire la partie condamnée oppose l'exception de **demurrer** comme chez nous l'opposition à commandement et le tribunal statue sur ce point. Voir Alexander, *Journ. dr. int. pr.*, t. V, p. 22 ; t. VI, p. 135 et 516, et Piggott même recueil. t. X, p. 34, et pour l'Amérique : Coudert, *Journ. dr. int. pr.*, t. VI, p. 21.

14. Keyssner, *Jour. dr. int. pr.*, t. IX, p. 25; Keyssner et Beauchet, *ibid.*, t. IX, p. 239 ; Beschorner, *ibid.*, t. XI, p. 43 et 600.

15. ** Article de M. Lombard, *Journ. dr. int. pr.*, t. IV, p. 210.

16. ** Article de M. Silvela, *Journ. dr. int. pr.*, t. VIII, p. 20.

17. ** Art. de MM. Vidal, *Journ. dr. int. pr.*, t. IV, p. 515, et Fiore, *ibid.*, t. V, p. 235, et t. VI, p. 244.

18. ** Article de M. Petroni, *Journ. dr. int. pr.*, t. VI, p. 351.

19. ** Martens, *Journ. dr. int. pr.*, t. V, p. 139, et Engelmann, *ibid.*, t. II, p. 113.

20. Traité du 15 juin 1861 entre le Danemark, la Suède et la Norwège. Voir pour le Danemark, M. Goos, *Journ. dr. int. pr.*, t. VII, p. 368 et M. D'Olivecrona, *ibid.*, t. VII, p. 83.

Exécution des jugements rendus à l'étranger.

France

- **Historique**
  - L'article 121 de l'ordonnance de 1629 contient deux parties [1].
  - **1re partie** — Les jugements étrangers ont force de chose jugée, mais sont dépourvus de toute exécution [2].
  - **2e partie** — Les jugements étrangers, **rendus contre des Français**, n'ont pas **force de chose jugée** [3].

- **Droit actuel**
  - **Systèmes autres que celui de la jurisprudence**
    - 1er système. — Les articles 546, c. pr. civ., et 2123 du code civil ont remplacé la 1re partie de l'ordonnance, la 2e partie reste debout. Les Français condamnés peuvent encore débattre leur procès en France [4] ;
    - 2e système. — L'article 121 est abrogé dans ces deux parties ; les articles 546 et 2123 s'occupent de la force exécutoire et non de la chose jugée. Les règles du droit public peuvent alors s'appliquer et méconnaître la chose jugée [5] ;
    - 3e système. — Le jugement étranger a force de chose jugée. Le tribunal français ne peut qu'examiner si en la forme il y a jugement et délivrer **nécessairement** l'exequatur [6].
  - **Système de la jurisprudence**
    - Le jugement étranger a force de chose jugée ;
    - Le tribunal français peut examiner **le fond** comme la **forme** et **accorder ou refuser à son choix** l'exequatur [7]. C'est sur ce système que se greffe le système de M. Lainé [8].

Droits étrangers

- **analogues**
  - Les tribunaux peuvent comme en France examiner même le fond et refuser ou accorder l'exequatur ;
  - Belgique, art 10, tit. pr. Code pr. civ. [9] ;
  - Pays-Bas, art. 481 ; Portugal ; Suisse [10].

- **différents**
  - **jugement rendu en un Etat quelconque**
    - **Prem. syst. français** — Grèce [11] ; Monaco.
    - **Deux. syst. français** — Suède [12] et Norwège ; Angleterre [13].
    - **Trois. syst. français** — Allemagne, §§ 660-661, c. pr. civ. [14] ; Autriche [15] ; Espagne, procédure civile de 1855 [16] ; Italie, 941, pr. civ., 10, 12. C. civ. [17] ; Roumanie, art. 374, c. pr. civ. [18] ; Russie, art. 1273 et 1281, pr. civ. [19].
  - **jugement rendu en un Etat confédéré**
    - C'est ce qui a lieu dans une confédération d'Etats, que cette confédération existe au point de vue politique, Allemagne, Suisse, Etats-Unis, ou qu'elle n'existe pas à ce dernier point de vue seulement, Etats Scandinaves [20] ;
    - Le jugement est reçu sans exequatur.

Remarques

- L'Institut a formulé sur ce sujet six résolutions ;
- Il indique que la réforme ne peut venir que des traités ;
- Il propose d'accorder l'exequatur sans révision du fond.

INDICATION DES TABLEAUX

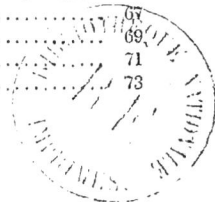

Bar-le-Duc — Typ. L. PHILIPONA et Cⁱᵉ — 1482

www.ingramcontent.com/pod-product-compliance
Lightning Source LLC
Chambersburg PA
CBHW071232200326
41521CB00009B/1443